SUTTON
VERLAG

Zum Gedenken an meine Eltern
Anni und Hans Gräf
(1925–2007)

Holger Th. Gräf

Landgraf Friedrich II.

Der Prinz von Homburg

Der Autor

Holger Th. Gräf, Jahrgang 1960, absolvierte sein Studium an der Justus-Liebig-Universität in Gießen und an der University of Leicester (GB). Von 1992 bis 1996 war er wissenschaftlicher Assistent an der Humboldt-Universität zu Berlin. Seit 1996 ist er als Akademischer Oberrat am Hessischen Landesamt für geschichtliche Landeskunde in Marburg tätig. Seine Forschungsschwerpunkte liegen im Bereich der Stadt- und Kulturgeschichte der frühen Neuzeit sowie der Diplomatiegeschichte.

In den letzten Jahren veröffentlichte er zahlreiche Bücher und Aufsätze zur frühneuzeitlichen Geschichte und der Geschichte Hessens, darunter: „Konfession und internationales System. Die Außenpolitik Hessen-Kassels im konfessionellen Zeitalter" (1993); „Wege ins Ungewisse. Reisen in der frühen Neuzeit 1500–1800" (mit R. Pröve, 1997, TB 2001); „Söldnerleben am Vorabend des Dreißigjährigen Krieges" (2000); „Valentin Wagner. Ein Zeichner im Dreißigjährigen Krieg" (mit H. Meise, 2003).

Impressum

Sutton Verlag GmbH

Hochheimer Straße 59

99094 Erfurt

http://www.suttonverlag.de

ISBN: 978-3-86680-237-7

Gestaltung und Herstellung: Markus Drapatz

Druck: Oaklands Book Services Ltd., Chalford | GL, England

Inhaltsverzeichnis

Danksagung

Mein Dank gilt den Mitarbeiterinnen und Mitarbeitern der Hessischen Staatsarchive in Darmstadt und Marburg, der Universitätsbibliothek in Marburg sowie den Kolleginnen und Kollegen im Hessischen Landesamt für geschichtliche Landeskunde in Marburg, besonders Alexandra Rhiel und Patrick Sturm. Mannigfaltige Unterstützung gewährte das Stadtarchiv Bad Homburg, hier besonders seine Leiterin, Frau Dr. Astrid Krüger, Frau Beate Datzkow, die den Zugang zur Bildersammlung ermöglichte, und Herr Rainer Wehrheim mit numismatischen Hinweisen. Frau Dr. Friedl Brunkhorst ermöglichte in unkomplizierter Weise die Nutzung des Bildarchivs der Verwaltung der Staatlichen Schlösser und Gärten Hessen, Bad Homburg. Frau Prof. Dr. Barbara Dölemeyer, Bad Homburg, Frau Dr. Birgitte Bøggild Johannsen, Kopenhagen, Frau Prof. Dr. Helga Meise, Reims, und Dr. Wilhelm Bingsohn, Gießen, haben wichtige Hinweise gegeben und teilweise Bildvorlagen zur Verfügung gestellt. Frau Dr. Christiane Häslein und Prof. Dr. Dr. Andreas Tacke, beide Trier, gaben kunsthistorische Interpretationshilfen. Ihnen allen sei für die kollegiale und freundschaftliche Hilfe herzlich gedankt.

In altbewährter Weise haben Frau Dr. Andrea Pühringer und Herr Dr. Alexander Jendorff den Text Korrektur gelesen und sein Entstehen mit vielen kritischen Fragen begleitet. Nicht zuletzt gilt mein Dank dem Team des Sutton Verlags.

Einleitung

Nach einer Blüte der historisch-politischen Biografien im 19. Jahrhundert geriet dieses Genre in der seriösen Geschichtswissenschaft durch die Flut populärer Publikationen während der Weimarer Republik in Misskredit. Erst seit den 1980er-Jahren kann man eine „Wiederentdeckung des ‚wirklichen Menschen'" (H.-J. von Berlepsch) und eine deutliche Zunahme an biografischen Studien in der deutschen Forschung beobachten. Allerdings macht man sich dabei die Auffassung des wilhelminischen Historikers Heinrich von Treitschke – „Männer machen die Geschichte" – kaum noch zu eigen. Es sind nicht mehr die vermeintlich zeitlosen Werte von persönlichem Mut, politischer Größe und Weitblick sowie moralische Kategorien, mit denen man die behandelten Menschen beschreibt bzw. misst. Vielmehr werden die jeweiligen Umstände, die Lebensbedingungen, die strukturellen Nöte und Zwänge stärker in den Blick gerückt, um eine Persönlichkeit in ihrer Zeit zu erfassen und in ihrem Tun und Lassen zu begreifen. Freilich darf der menschliche Faktor hinter den äußeren Zwängen und Zufällen nicht verschwimmen, wenn man die Person beurteilen möchte. Da man sich als professioneller Historiker möglichst ohne Voreingenommenheit seinem Gegenstand nähern, zumindest sich diese gegebenenfalls bewusst machen und in seinem Urteil mitbedenken sollte, heißt das konkret: „Wer eine Biographie schreibt, sollte in dem ‚Gegenstand', dem Menschen der Darstellung, weder einen Helden noch einen Verbrecher sehen" (Gerd Wunder).

Bei einer Persönlichkeit wie Landgraf Friedrich II. von Hessen-Homburg kommt bei dem Bemühen um Objektivität erschwerend hinzu, dass sich mit Heinrich von Kleists „Prinz von Homburg" eine literarische Gestalt von Weltgeltung vor die historische Figur des Duodezfürsten und „Berufssoldaten" geschoben, ja diese über weite Strecken fast vollständig überdeckt hat. So darf der „Prinz von Homburg" neben der heiligen Elisabeth und Philipp dem Großmütigen zweifellos zu den drei bekanntesten Vertretern der hessischen Landgrafen-Dynastie gerechnet werden. Dieser Bekanntheitsgrad steht indes in einem krassen Missverhältnis zu den gesicherten historischen Kenntnissen und auch zu der archivalischen Überlieferung zur historischen Figur des Landgrafen Friedrich II. von Hessen-Homburg. So zählt das Repertorium des gesamten überlieferten Archivguts zu seiner Person und seiner Herrschaft im Staatsarchiv Darmstadt noch keine 50 Seiten – wobei man allerdings erhebliche Verluste durch den Zweiten Weltkrieg in Rechnung stellen muss. Alleine die auswärtige Korrespondenz seines Kasseler Großonkels

Wilhelm IV. (1532–1592) im Zusammenhang mit den Religionskriegen in Frankreich umfasst dagegen ein Vielfaches. Seit Johannes Jungfers Darstellung aus dem Jahre 1890 hat sich nur Herbert Rosendorfer vor nunmehr 30 Jahren in eher literarischer Zugangsweise mit dem Homburger monografisch beschäftigt. Freilich dürfen die hilfreichen und grundlegenden Aufsätze zu Einzelaspekten seiner Herrschaft und seiner Person nicht unerwähnt bleiben, die meist in den „Mitteilungen des Vereins für Geschichte und Landeskunde zu Bad Homburg vor der Höhe“ erschienen sind.

Die bisherige biografische Forschung im engeren Sinne hat sich fast immer am Verhältnis der literarischen zur historischen Figur abgearbeitet. Die vorliegende Darstellung geht hingegen konsequent chronologisch vor und beschäftigt sich ausschließlich, bis auf das Schlusskapitel, mit der historischen Figur des Landgrafen. Da für bestimmte Jahre keine oder nur sehr wenige Nachrichten zu ihm vorhanden sind, die kaum Aussagen zu seiner Person erlauben, wird nach dem „Prinzip der Montage“ (Walter Benjamin) vorgegangen. Es wird also versucht, die greifbaren, historisch einigermaßen gesicherten Episoden und einzelnen Fundstücke zu Friedrich II. gleichsam vor dem Hintergrund seiner Herkunft, seinem familiären Umfeld und seinem Lebenslauf her zu begreifen, vielleicht auch ein Stück weit zu erklären und zu einem möglichst geschlossenen Gesamtbild zusammenzufügen – ohne jene teils zynisch-ironisierende, teils unhistorisch-moralisierende Beurteilung, die sich sein literarischer Biograf zu eigen gemacht hat. In Konsequenz heißt das auch, dass das winzige Territorium der Landgrafschaft Hessen-Homburg, das Leben Friedrichs als Militär in den so wenig friedlichen Jahrzehnten nach dem Westfälischen Frieden und sein späteres Wirken als regierender Landgraf deutlich im Vordergrund stehen werden. Die verworrenen macht- und bündnispolitischen Konjunkturen sowie die Haupt- und Staatsaktionen im „Theatrum Europaeum“ sind Handbuchwissen und gehören daher nicht in seine Biografie. Sie werden deshalb nur insofern berücksichtigt, als sie zur Erklärung seines Lebensweges unabdingbar sind. Der Beitrag Friedrichs von Homburg zum Aufstieg Brandenburg-Preußens – ob ein tatsächlicher oder von Historikern mit preußischem Herzen angedichteter Beitrag sei dahingestellt – spielt dagegen ebenso eine nachgeordnete Rolle wie das Verhältnis zwischen der literarischen Figur und der historischen Person.

Friedrich II. (1633–1708) war das sechste Kind des ersten Landgrafen der Homburger Nebenlinie aus dem Darmstädter Landgrafenhaus. Seine Kindheitsjahre waren von den Nöten und Drangsalen des Dreißigjährigen Krieges gekennzeichnet, der die ohnehin nur bescheidenen materiellen Grundlagen des elterlichen Haushaltes zusätzlich schmälerte. Nach standesüblicher Erziehung durch Hofmeister und Hauslehrer folgten die Kavalierstour und die ersten Kriegsabenteuer in schwedischem Sold, die er mit dem Verlust eines Beines bezahlen musste. In Schweden schloss Friedrich auch seine erste Ehe mit einer reichen Witwe aus vornehmer Familie, die ihn finanziell sanierte. Seine zweite Ehe mit einer Tochter des Herzogs von Kurland, die eine Nichte des Großen Kurfürsten von Brandenburg war, ebnete ihm den Weg zum Aufstieg in brandenburgischen Kriegsdiensten – bald gegen Schweden. Nach seinem Ausscheiden aus den Militärdiensten und der Übernahme der Regentschaft im Jahre 1680 regierte er sein kleines Ländchen am Taunus noch für fast drei Jahrzehnte und drückte ihm seinen bis heute prägenden Stempel auf. Er verwandelte das noch mittelalterlich anmutende Städtchen Homburg in eine barocke Residenzstadt. Hier ist er auch stets als historische Persönlichkeit und als Landesvater in Erinnerung geblieben, während in der deutschsprachigen Bildungswelt der Kleist'sche „Prinz von Homburg" ihn beinahe völlig überdeckt hat. Die vorliegende Biografie soll deshalb in erster Linie den „Landgrafen von Homburg" wieder in das Bewusstsein einer breiteren Öffentlichkeit rücken.

I. Zersplitterung – Dynastie und Territorium

Am Übergang vom Mittelalter zur Neuzeit, also in jenen Jahrzehnten um 1500, standen in der hessischen Geschichte zahlreiche Erbteilungen und Erbschaften an. Im Laufe des 15. Jahrhunderts fielen neben kleineren Gebieten die Grafschaften Ziegenhain und Nidda (1450) sowie vor allem die bedeutende Grafschaft Katzenelnbogen (1479) an das Landgrafenhaus. Mit der sogenannten Untergrafschaft Katzenelnbogen um die Burg Rheinfels stieß Hessen damit westlich an die wichtigste mitteleuropäische Verkehrsader vor und profitierte künftig von den bedeutenden Zolleinnahmen. Mit der Obergrafschaft um Darmstadt, die den Landverkehr auf der Bergstraße von Heidelberg nach Frankfurt kontrollierte, weitete sich der Besitz südlich des Mains aus. Dieser Territorienkomplex, der von der Weser im Norden fast bis zum Neckar im Süden und von Schmalkalden im Osten bis nach St. Goar am westlichen Rheinufer reichte, wurde allerdings durch Erbteilungen im Landgrafenhaus wieder zerrissen. Erst dynastische Zufälle – fehlende männliche Nachkommen und vorzeitiger Tod von Konkurrenten – führten im Jahre 1500 zur (vorübergehenden) Wiedervereinigung des gesamten Besitzes unter Wilhelm II. (1469–1509). Damit war die Landgrafschaft Hessen zu Beginn der Neuzeit zum entscheidenden Machtfaktor zwischen Mittelrhein, Main, Weser und Thüringer Wald geworden.

1504, also im Geburtsjahr seines Erben und Nachfolgers Philipp des Großmütigen (1504–1567), nutzte Landgraf Wilhelm die Chance, die sich ihm durch einen kaiserlichen Exekutionsauftrag im bayrisch-pfälzischen Erbschaftsstreit eröffnete: Binnen kürzester Zeit stellte er im Auftrag Kaiser Maximilians I. (1459–1519) eine für die damalige Zeit gewaltige Streitmacht von 30.000 Mann auf und warf die Pfälzer aus dem Odenwald, dem Rheingau und dem Bergstraßenbereich hinaus. Als Kriegsentschädigung erhielt er unter anderem das eigentlich im Besitz der Grafen von Hanau befindliche Amt und die Stadt Homburg vor der Höhe; die Burg selbst war seit 1337 an die Pfalzgrafen verpfändet gewesen. Wahrscheinlich im zeitlichen Umfeld dieses Kriegszuges steckte sich Wilhelm allerdings an der weit verbreiteten Syphilis an, die ihn bereits zwei Jahre später regierungsunfähig machte und der er schließlich nach leidvollem Krankheitsverlauf und nicht minder qualvollen „Therapien" seiner hilflosen Ärzte im Juli 1509 erlag. Die Zukunft der Dynastie und damit des Landes lag nun auf den schmalen Schultern eines als kränklich geltenden viereinhalbjährigen Knaben. Bis Philipp bereits mit vierzehn Jahren im März 1518 vom Kaiser für mündig erklärt wurde, war seine Erziehung und die Vormundschaft über Jahre hin Gegenstand heftiger Streitigkeiten zwischen seiner Mutter, der Landgrafenwitwe Anna von Mecklenburg (1485–1525) und einem Regentschaftskollegium unter dem Führer der hessischen Ritter, Ludwig von Boyneburg (um 1466–1537).

Mit dem persönlichen Mut eines jugendlichen Draufgängers, dem Ehrgeiz eines Aufsteigers in die erste Riege der Reichsfürsten und dem Herrschaftswillen eines Renaissancefürsten führte Philipp sein Territorium durch die Wirren und Konflikte des Ritteraufstandes unter Franz von Sickingen (1481–1523), des Bauernkrieges und der Reformationszeit. Die durch den Sieg der hessischen Waffen über die habsburgischen und schwäbischen Truppen in der Schlacht bei Lauffen am Neckar möglich gemachte Rückführung des herzoglichen Totschlägers Ulrich von Württemberg (1487–1550) machte Philipp 1534 neben Kursachsen zum wichtigsten politischen Gegner Karls V. (1500–1558) und zu einer Führungsfigur der Protestanten im Reich.

Der Gewissenskonflikt des theologisierenden Reformationsfürsten, der ihn 1540 seine berüchtigte Zweitehe mit dem sächsischen Hoffräulein Margarete von der Sale (1522–1566) eingehen ließ, führte zu einer gewissen Einschränkung seiner reichspolitischen Handlungsfähigkeit gegenüber Karl V., der schließlich im April 1547 als triumphaler Sieger über die protestantischen Fürsten aus der Schlacht von Mühlberg hervorging. Diese Niederlage im Schmalkaldischen Krieg brachte Philipp fünf Jahre Gefangenschaft ein. Viele seiner neu erbauten Festungen wurden geschleift. Zunächst zur Finanzierung seiner Militärpolitik, später zum Abbau der Kriegsschulden verpfändete Philipp immer wieder die Stadt und das Amt Homburg vor der Höhe: 1528 bis 1539 an den Grafen von Hanau, 1539 bis 1559 an den Grafen von Stolberg-Königstein und 1559 bis 1568 an den Herren von Reifenberg.

Für die hessische und damit auch für Homburger Geschichte der folgenden Jahrhunderte war indes sein patriarchalisches Versorgungsdenken eines vormodernen Dynasten wichtiger als seine Niederlage im Schmalkaldischen Krieg. Das ungeteilte Territorium umfasste nahezu die Hälfte des heutigen Bundeslandes Hessen und zählte gegen Ende der Regierungszeit Philipps des Großmütigen gut 250.000 Einwohner. Die Landgrafschaft hatte aber für ihn weder die abstrakte noch reale Qualität eines Staates im heutigen Sinne. Es war vielmehr sein Besitz, den er zu Lehen empfangen hatte, bzw. der Besitz seiner Familie, der eine angemessene Versorgung gewährleistete. In seinen neun erhalten gebliebenen Testamentsentwürfen ist zwar immer wieder der Versuch spürbar, die dynastische Geschlossenheit und die territoriale Einheit auch in die nächste Generation zu retten. Allerdings wurde das Erbe nach seinem Tod im Jahre 1567 entsprechend seines Testamentes von 1562 unter den vier überlebenden Söhnen aus seiner ersten, gewissermaßen seiner Hauptehe mit Christine von Sachsen (1505–1549) geteilt. Der älteste Sohn Wilhelm IV. (1532–1592) erhielt rund die Hälfte des hessischen Territoriums, das sogenannte Niederfürstentum mit der Residenz Kassel. Das Oberfürstentum mit Marburg als Residenz und die Grafschaft Nidda – ein Viertel des Gesamtterritoriums – ging an Ludwig IV. (1537–1604). Das restliche Viertel erhielten die beiden jüngeren Söhne, wobei die Obergrafschaft Katzenelnbogen mit Darmstadt Georg I. (1547–1596) und die Niedergrafschaft mit St. Goar und Rheinfels Philipp II. (1541–1583) zufielen. Die immerhin sieben Söhne aus der Nebenehe, „Geborene aus dem Hause Hessen", die den offiziellen Namen „Grafen von Diez" trugen, wurden mit mehreren Ämtern und Schlössern standesgemäß versorgt, dazu gehörte – neben Lißberg, Ulrichstein, Schotten und Stornfels im Vogelsberg – auch Homburg vor der Höhe. Da die Grafen von Diez, bis auf den über 30 Jahre von seinen Stiefbrüdern bzw. Neffen in Ziegenhain kurzerhand eingekerkerten Christophel Ernst (1543–1603), jung und ohne Nachkommen verstarben, konnten diese Ämter in den folgenden Jahren wieder eingezogen und unter den vier Söhnen aus der Hauptehe aufgeteilt werden. Homburg fiel zunächst an Philipp von Hessen-Rheinfels und nachdem dieser ebenfalls kinderlos verstorben war, wechselte es in den Besitz der Darmstädter Linie.

Doch der gesamthessisch-landgräfliche Territorialstaat war durch die Teilung Philipps auf Dauer zerbrochen. Die im Testament vorgesehenen sogenannten Samtinstitutionen, die für alle hessischen Teilstaaten zuständig sein sollten, also etwa die Universität in Marburg, das Samthofgericht, die Landeshospitäler und vor allem die gemeinsame Landeskirche konnten die weitere Trennung nicht verhindern. Gerade im kirchlichen Bereich – wie im Zeitalter der Glaubenskriege nicht anders zu erwarten – wurde diese Entwicklung am ehesten deutlich. Ludwig IV. von Hessen-Marburg stand bereits während seines Aufenthaltes am Stuttgarter Hof (1561–1565), von wo er auch seine Braut heimführte, in engstem Kontakt mit dem sich in dogmatischer Orthodoxie formierenden Luthertum. Er verließ damit als erster der Landgrafenbrüder die vermittelnde Position innerhalb des deutschen Protestantismus, die ihr Vater seit dem berühmten Marburger Religionsgespräch im Oktober 1529 eingenommen hatte und die der älteste Sohn Wilhelm in Kassel noch weiter zu behaupten versuchte. Nachdem auf einem Kirchenkonvent in Treysa 1577 die Risse innerhalb der hessischen Kirche zu Tage getreten waren, fand 1582 in Marburg schließlich die letzte gesamthessische Synode statt. In Zukunft kamen die Theologen nach Landesteilen getrennt zusammen.

Eine solche in heutiger Perspektive letztlich kirchlich-theologische Binnenentwicklung war für den Konfessionsstaat der frühen Neuzeit außerordentlich bedeutsam und hatte in der nachfolgenden Generation zunächst territorialpolitische, schließlich auch gravierende bündnis- und militärpolitische Konsequenzen. Als der letzte Sohn Landgraf Philipps, Ludwig IV., 1604 starb, brach sofort der sogenannte Marburger Erbfolgestreit aus. Während Landgraf Moritz von Hessen-Kassel (1572–1632), der einzige überlebende Sohn Wilhelms IV., entsprechend dem Testament des Onkels eine Teilung nach Linien, also eine Halbierung des Marburger Erbes verlangte, forderten Ludwig V. von Hessen-Darmstadt (1577–1626) und seine beiden Brüder eine Teilung nach Köpfen, also eine Viertelung. Der Konflikt zwischen den Vettern zeichnete sich bereits in den 1590er-Jahren ab. In der politischen Nachfolge seines Marburger Onkels setzte der junge Darmstädter Ludwig alles daran, sich als kaisertreuer Reichsfürst zu profilieren und damit die Unterstützung einiger katholischer Reichsstände zu erhalten, auch des Mainzer Erzbischofs und Kurfürsten, der als Reichserzkanzler am Kaiserhof und beim Reichshofrat, dem höchsten kaiserlichen Gericht, großen Einfluss genoss. Der Streit eskalierte, als Moritz, nicht zuletzt um die Unterstützung der Niederlande und vor allem der calvinistischen Reichsstände zu gewinnen, in seinem Kasseler Landesteil 1605 die kirchlichen „Verbesserungspunkte" einführte und die Landgrafschaft auf diese Weise faktisch in ein reformiertes Territorium umwandelte. Damit setzte er sich freilich außerhalb des geltenden Rechts des Augsburger Religionsfriedens und verschaffte dem Darmstädter Vetter beste Argumente im laufenden Verfahren beim Reichshofrat. Vor diesem Hintergrund ist es nicht weiter überraschend, dass Ludwig vergleichsweise rasch etwa die kaiserliche Privilegierung für seine im Jahre 1607 gegründete Landesuniversität in Gießen erlangte, wohin die aus Marburg vertriebenen lutherischen Professoren ausgewichen waren.

Der Streit um das Marburger Erbe darf indes nicht als rein machtpolitischer Konflikt zwischen zwei konkurrierenden Territorialstaaten missverstanden werden. Damit würde man den Protagonisten einen kühlen neuzeitlichen Machiavellismus zubilligen, den sie wohl nicht hatten, zumindest nicht in Bezug auf die Staatsgebilde, über die sie herrschten. Für die Beteiligten standen nämlich die Versorgung der eigenen Familie und die materielle Fundierung ihrer standesgemäßen Lebensführung im Vordergrund. Dies wird leicht daran ersichtlich, dass man – selbst als im Konflikt mit dem Kasseler Vetter eigentlich Geschlossenheit das Gebot der Stunde war – die Darmstädter Landgrafschaft durch Teilungen weiter schwächte, obwohl das Testament Georgs I. hier eine gemeinsame Regentschaft der drei Brüder vorgesehen hatte. Nach dem Tod Georgs I. 1596 hatte zunächst dessen ältester Sohn Ludwig V. die Regierung für seine beiden noch unmündigen Brüder Philipp III. (1581–1643) und Friedrich I. (1585–1638) übernommen. Als das Marburger Erbe allerdings nicht im erhofften Umfang realisiert werden konnte, wuchs deren Druck auf den älteren Bruder um angemessene Alimentierung und Teilhabe an der Herrschaft. In der brüderlichen Übereinkunft (Pactum fraternum) von 1606 wurde dem letzten Willen des Vaters zwar noch insofern entsprochen, als die beiden jüngeren Brüder mit jährlichen

Apanagen abgefunden werden sollten: Philipp sollte 24.000 Gulden, Friedrich 20.000 erhalten. Die finanziell angespannte Situation der Darmstädter Kasse führte jedoch zu Zahlungsverzögerungen und Ludwig willigte schließlich doch darin ein, seine beiden Brüder mit eigenen Herrschaften auszustatten, die jedoch hoheitsrechtlich, insonderheit in der Außenvertretung und in Militärangelegenheiten, weiterhin Hessen-Darmstadt unterstehen sollten. Nach dieser Regelung nahm zunächst Philipp 1609 Stadt und Amt Butzbach in Besitz und baute das dortige Schloss zu seiner Residenz aus. Da er kinderlos blieb, fiel dieser Besitz wieder an Hessen Darmstadt zurück. Friedrich war dagegen noch oft auf Reisen in Frankreich, Spanien, Portugal, Italien, England und Schottland, erledigte Gesandtschaften im Namen seines regierenden Bruders auf Fürstentagen und am kaiserlichen Hof.

Mit dem Ausbruch des Dreißigjährigen Krieges wurde Hessen zunächst Durchzugsgebiet und bald auch Kriegsschauplatz. Wie nicht anders zu erwarten, fand sich Landgraf Moritz auf der Seite des böhmischen Winterkönigs, des reformierten Kurfürsten Friedrich V. von der Pfalz (1596–1632). Ludwig stand dagegen fest auf der Seite der Liga und des Kaisers. Mehr noch, durch seine Reise nach Madrid und Rom im Jahre 1618 gab er den Spekulationen über seine bevorstehende Konversion zum Katholizismus reichlich Nahrung. Philipp versuchte dagegen eine vorsichtige Neutralitätspolitik, die er sogar bis zu seinem Tod mit beachtlichem Erfolg durchhalten und damit Butzbach bis 1643 vor den schlimmsten Kriegsauswirkungen schützen konnte.

Hier in der Butzbacher Residenz seines Bruders schloss der immerhin schon 37-jährige Friedrich am 10. August 1622 die Ehe mit der 18-jährigen Margarete Elisabeth (1604–1667) aus dem weitverzweigten Haus der Grafen von Leiningen-Westerburg, eine durchaus als ebenbürtig erachtete Familie, jedoch ohne große politische Bedeutung. Der Ort des Festes war nicht allein der brüderlichen Zuneigung geschuldet, sondern von den unruhigen Kriegszeiten diktiert worden. Denn im Mai desselben Jahres war von Mannheim her der pfälzische Söldnerführer Graf Ernst von Mansfeld (1580–1626) in die Obergrafschaft eingefallen, hatte Darmstadt erobert und Landgraf Ludwig und seinen gerade 13-jährigen Sohn Johann (1609–1651) als Geiseln genommen, um die Öffnung der strategisch wichtigen Festung Rüsselsheim in der Nähe der Mündung des Mains in den Rhein zu erzwingen. Indes hatte Ludwig schon im Vorfeld der Eheschließung seines Bruders am 6. März 1622 verfügt, dass „Schloss, Stadt und das Amt Homburgk vor der Höhe mit den Dorfschaften Gonzenheim, Seulberg, Oberstedten und Köppern, Bürgerschaft, Stadt-Mauren, gemeinen Bewen, Zwingern, Höfen, Güthern, Bergwerk, Wildbahnen, Weidwercken, Wäldern, Wassern, Weyden, Fischereyen, Schäffereien, Gülthen, Renthen, Zinsen, […] Rechten und Gerechtigkeiten mit Hoch und Obrigkeit in Peinlichen und Bürgerlichen wie auch Ehesachen [sein Bruder Friedrich] vor sich und dero Mann Leibs

Der Vater: Friedrich I. (1585–1638), der erste Landgraf von Homburg ab 1622.

Lehns-Erben, erblich und eigenthümlich besitzen, gebrauchen und ruhiglich genießen" sollen. Nach Abzug der jährlichen Einkünfte aus dem damit geschaffenen teilsouveränen Kleinstterritorium, die damals gerade einmal rund 5.000 Gulden betrugen, erhielt Friedrich weiterhin eine Apanage aus Darmstadt in Höhe von 15.000 Gulden, erkannte dafür jedoch die Oberhoheit des älteren Bruders an. Dies bedeutete, dass Ludwig weiterhin unter anderem das Öffnungsrecht der Stadt- und Burgtore, das Geleitrecht und die Examinierung und Einsetzung der Pfarrer und Lehrer beanspruchte. Landgraf Friedrichs Herrschaft erstreckte sich über ca. 60 Quadratkilometer, auf denen rund 2.500 Einwohner lebten. Von diesen dürften etwa gut 1.000 in dem kleinen Städtchen gewohnt haben, der Rest verteilte sich auf die vier Dörfer und Einzelgehöfte.

Die „solenne Huldigung" der Bevölkerung erfolgte am 23. Juli, also drei Tage nach St. Margarethae, dem Namenstag der Braut Friedrichs und künftigen Landesmutter. Die Vertreter der Stadt- und Dorfgemeinden versammel-

Die Mutter: Margarethe Elisabeth von Leiningen-Westerburg (1604–1667).

ten sich im Schlosshof. In Gegenwart hoher landgräflicher Beamter wurde zunächst der brüderliche Vergleich vom 6. März 1622 verlesen. Anschließend leisteten die Anwesenden den Untertaneneid auf Friedrich und unterzeichneten einen entsprechenden Revers. Es wirft ein grelles Schlaglicht auf die damals herrschende Unsicherheit in der Gegend, dass die Homburger Vertreter bzw. der fürstliche Amtskeller ihre Siegel auch unter die Unterschriften der Vertreter der Dorfgemeinden drücken mussten, da deren Siegel von den umherschweifenden Söldnern des „tollen Christian" gestohlen worden waren.

Ende August 1622 zog dann schließlich auch das frisch vermählte Landgrafenpaar von Butzbach nach Homburg um. Die Bevölkerung, neugierig auf ihren neuen Herrscher und wohl auch mit der Hoffnung erfüllt, die Anwesenheit des Fürsten böte zumindest elementaren Schutz vor Einquartierungen und Plünderungen fremder Söldner, bereitete dem Paar einen festlichen Empfang.

Die Landgrafschaft Hessen-Homburg und die benachbarten Territorien, Amsterdam, um 1720 (Ausschnitt).

II. Not – Kindheit und Jugend im Dreißigjährigen Krieg

Das Landgrafenpaar Friedrich und Margarete Elisabeth bezog die noch weitgehend in ihrem mittelalterlichen Bestand vorhandene „Brendelburg". In einem Salbuch, einem Besitzverzeichnis aus den Jahren 1578/1580 wurde diese Bleibe bereits als wenig einladend beschrieben: „Das Schloß Homburgk mit zwey hohen Türmen, mit truckenen Graben umbfangen, und alten, verfallenen Mauern umbschlossen; darin ein altes Wohnhauß und ein klein bewlein über einen keller gebawet, drangeflickt zwischen den kleinen thorn ein stall zu dreyen Pferden und vier starken viehes unterschieden, ein hundstall, außer dem Thor zwischen dem vorhove, ein alter marstall uf zwölf Pferde, im vorhove ein alt scheuren und in der Stadt ein alt Zehntscheuren."

Das Familienleben spielte sich in erster Linie im dreistöckigen Wohnhaus, dem Palas ab. In dessen zweitem Stock befand sich der Rittersaal, im oberen Geschoss waren die Frauengemächer. Die meisten Räume konnten zumindest mit Hilfe gusseiserner Öfen beheizt werden. Wirklich fürstliche Gemächer waren das freilich alle nicht. Während der Kriegszeiten beschränkte sich Friedrich auch lediglich auf die Sanierung der vorhandenen Räume. Die mittelalterlichen Wehrmauern, die militärisch nutzlos geworden waren,

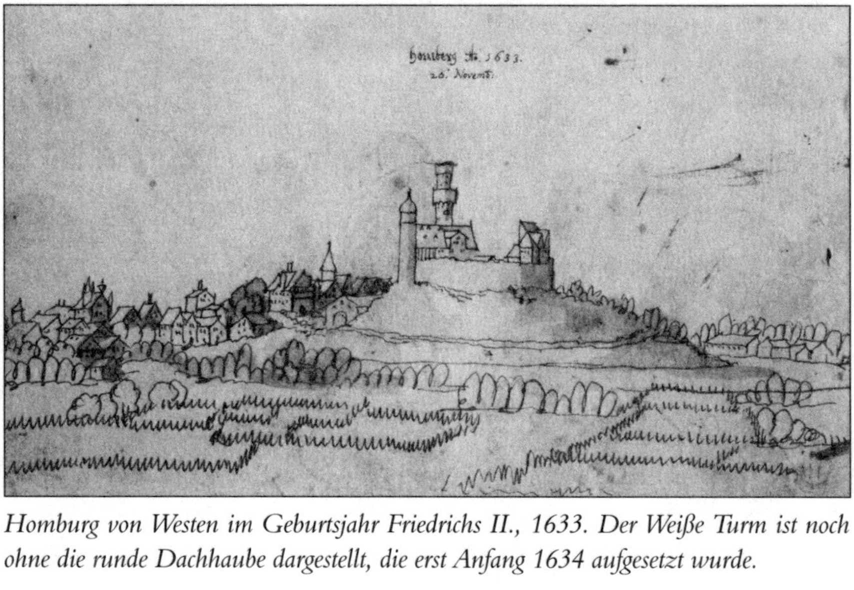

Homburg von Westen im Geburtsjahr Friedrichs II., 1633. Der Weiße Turm ist noch ohne die runde Dachhaube dargestellt, die erst Anfang 1634 aufgesetzt wurde.

ließ man weiter verfallen. Lediglich die beiden Türme erhielten bis 1634 neue Obergeschosse bzw. Dächer.

Der Hofstaat der Landgrafenfamilie – man sollte vielleicht besser von Haushalt sprechen – hatte vergleichsweise bescheidene Dimensionen und bestand aus gut 20 Personen, die unter der Aufsicht eines Hofmeisters standen. Für seinen persönlichen Bedarf konnte der Landgraf über zwei Lakaien, die Landgräfin über eine Kammerjungfer und eine Kammermagd verfügen. Der Kämmerer überwachte die Finanzen, über die der Kammerschreiber täglich Buch führte. Die Verwaltung der Burg oblag dem Burggrafen. Zudem sorgten ein Leibarzt, ein Barbier, ein Bäcker, ein Koch und ein Mundschenk für das leibliche Wohl der Schlossbewohner. Ein Jäger lieferte Wild und bereitete die landgräflichen Jagden vor. Ein Gärtner kümmerte sich um die Anlagen, lieferte aber auch Obst und Gemüse für die Schlossküche. Zwei Kutscher und ein Bereiter gewährleisteten ein gewisses Maß an Mobilität für die Landgrafenfamilie. Die von Friedrich eingerichtete landgräfliche Kanzlei, gewissermaßen die Verwaltungsbehörde des Kleinststaates, bestand aus einem Amtmann, einem Geheimrat, einem Sekretär, einem Kanzleischreiber und einem Registrator (Archivar). Der bürgerliche Haushalt eines Frankfurter Großkaufmanns zu dieser Zeit dürfte kaum wesentlich kleiner gewesen sein.

Die Landgrafenfamilie wuchs rasch: Binnen vier Jahren kamen zunächst vier Jungen zur Welt. Fast genau ein Jahr nach der Hochzeit wurde der Erstgeborene und potenzielle Thronfolger auf den Namen Ludwig Philipp (1623–1643), zwei der Leitnamen der landgräflichen Dynastie, getauft. Der nächste Prinz, auf einen weiteren Leitnamen – Georg – getauft, kam bereits dreizehn Monate später zur Welt, verstarb allerdings nach drei Monaten. Wiederum dreizehn Monate nach dessen Geburt erblickte Wilhelm Christof (1625–1681) das Licht der Welt und ihm folgte im Dezember des nächsten Jahres Georg Christian (1626–1677). Mit drei Jahren Abstand wurde schließlich das einzige Mädchen aus dieser Ehe geboren, Anna Margarete (1629–1686), die nach dem Dreißigjährigen Krieg einen holsteinischen Herzog heiratete. Vier Jahre später entsprang am 30. März 1633 – nicht wie in der älteren Literatur öfter zu lesen am 30. Mai – mit Friedrich (II.) (1633–1708) das letzte Kind dieser Verbindung. Friedrich sollte alle seine Geschwister nahezu um ein damaliges Menschenalter überleben. Der Knabe wurde auf den Namen des Vaters getauft, ebenfalls ein oft vergebener Name der hessischen Landgrafen, aber eben nicht in der Darmstädter Linie. Möglicherweise wollte man sich damit demonstrativ von den südhessischen Vettern absetzen. Tatsächlich wurde Friedrich zum Leitnamen in der Homburger Familie. Von den insgesamt zwölf Landgrafen, die das Ländchen bis 1866 regieren sollten, waren immerhin sechs Träger dieses Namens.

Dass Friedrich als Jüngster einmal die Nachfolge des 1638 im Alter von 53 Jahren verstorbenen Vaters antreten sollte, war zum Zeitpunkt seiner Geburt

Friedrich II. um 1635. Vielleicht ist das Bild zu seinem zweiten Geburtstag am 30. März entstanden, denn der Vogel auf seiner rechten Hand könnte ein Buchfink sein, der im 17. Jahrhundert als Singvogel beliebt war und auch als Frühlingsbote galt.

nicht abzusehen und ist daher erklärungsbedürftig. Wie nicht anders zu erwarten, spielte dabei der sprichwörtliche dynastische Zufall mit. Zunächst führte die resolute Landgrafenwitwe Margarete Elisabeth in Homburg die Vormundschaft für ihre minderjährigen Kinder. Als diese ins heiratsfähige Alter kamen, wurde ein Rechtsgutachten der Straßburger Juristenfakultät eingeholt, ob nicht einer der beiden Söhne – Wilhelm Christof oder Georg Christian – die Witwe des Butzbacher Onkels, die ostfriesische Grafentochter Christine Sofie (1600–1658), heiraten könnte, eine immerhin 25 bzw. 26 Jahre ältere Frau. Dabei stand natürlich die Sicherung des Butzbacher Erbes für die Homburger Linie im Vordergrund, das indes an Darmstadt zurückfiel.

Es scheint wie ein Trostpflaster, dass der ältere der Brüder 1648 mit dem Schloss und Amt Bingenheim ausgestattet und mit Sofie Eleonore (1634–1663), der Tochter eines Cousins aus der Darmstädter Verwandtschaft, verlobt wurde. Zwei Jahre später fand die Hochzeit statt und das Paar folgte der mittlerweile in der dritten Generation geübten Familientradition und begründete die ruhmlose Linie Hessen-Bingenheim, die mit Wilhelm Christofs Tod 1681 bereits wieder erlöschen sollte. Denn aus dieser Ehe gingen zwar in dreizehn Jahren zwölf Kinder hervor – die 29-jährige Mutter starb bei der Totgeburt des letzten Kindes –, jedoch überlebte kein einziger der Söhne den Vater. Nur einer, Leopold Georg (1654–1675), konnte überhaupt den Kinderschuhen entwachsen. Wilhelm Christoph, offenbar ein recht viriler Zeitgenosse, beeilte sich, eine zweite Ehe zu schließen. Rund eineinhalb Jahre nach dem Tod seiner ersten Frau heiratete er – überstürzt, wie sich bald zeigen sollte – Anna Elisabeth (1624–1688), die immerhin schon 41-jährige Tochter des Herzogs von Sachsen-Lauenburg. Denn vor der Hochzeit hatte der 40-jährige Witwer seine Braut nicht einmal gesehen. „Die Prinzessin stellte sich als bucklig heraus, und zur körperlichen Liebe hatte ihr die Natur zwar den Willen, nicht aber die Fähigkeit mitgegeben", erläutert Herbert Rosendorfer. Nachdem ein Scheidungsverfahren über Jahre ohne Erfolg blieb, schob Wilhelm Christof seine unglückliche Frau auf das Schloss Philippseck ab, eine kleine Festung, die der Butzbacher Onkel von 1626 bis 1628 als Fluchtburg südwestlich von Butzbach hatte errichten lassen. Diese Ehe blieb also kinderlos. Sein Konkubinat mit dem aus Mecklenburg stammenden Edelfräulein Anna Elisabeth von Lützow sorgte zwar für reichlich Aufsehen und führte letztlich sogar zu deren Entführung, Festsetzung in Biedenkopf und schließlicher Landesverweisung wegen Ehebruchs. Der Nachwuchs aus diesem illegitimen Verhältnis blieb indes dynastisch irrelevant.

Der zweite überlebende Bruder, Georg Christian, verließ zunächst, wie später Friedrich, die vom Krieg ausgelaugte Heimat und suchte in fremden Diensten ein standesgemäßes Auskommen. Von 1648 bis 1653 stand er in spanischem Sold und kämpfte in den südlichen Niederlanden und in Nordfrankreich gemeinsam mit dem frondierenden Adel unter Turenne

(1611–1675) gegen den französischen König. Wohl unter dem Einfluss jesuitischer Prediger konvertierte Georg Christian 1651 zum Katholizismus, nicht erst, wie auch in der neueren Literatur noch öfters zu lesen, im Jahre 1660. Möglicherweise erhoffte er sich mit diesem Schritt bessere Karrierechancen in der spanischen Militärhierarchie. Er erwirkte zwar bei einem längeren Aufenthalt am spanischen Hof von König Philipp IV. (1605–1665) tatsächlich ein Patent als Generalfeldmarschall, allerdings brachte ihm das bei seiner Rückkehr zu den Truppen in Flandern wenig Ansehen ein. Enttäuscht quittierte er daraufhin 1653 den Dienst. Georg Christian kehrte nach Deutschland zurück, wechselte gewissermaßen die Fronten und wurde ab 1654 in französischem Auftrag an verschiedenen deutschen Fürstenhöfen vorstellig, wo er für französische Bündnisse warb. Nach einem wenig erfolgreichen Versuch, in Frankreich eine Militärkarriere einzuschlagen, spielte er als Vertrauter Kardinal Mazarins (1602–1661) in dessen Reichspolitik – unter anderem als Agent bei der Kaiserwahl von 1658 und bei den Verhandlungen im Vorfeld des ersten Rheinbunds – eine beachtliche Rolle. Nach dem Tod des Kardinals, vielleicht schon vorher, fiel er jedoch aus dessen Klientel und seine Einkünfte aus Frankreich begannen zu schrumpfen. Nicht zuletzt aus finanzieller Notwendigkeit heiratete er daher 1666 in Hamburg mit Anna Catharina von Pogwitsch eine reiche Witwe. Die Ehe blieb kinderlos und war offensichtlich auch nicht besonders glücklich. Während Georg Christian 1668 wieder in Homburg auftauchte, blieb seine Gattin zeitlebens in Norddeutschland. Zumindest war er nun aber finanziell abgesichert und es dürfte das Geld seiner Frau gewesen sein, das ihm 1669 den Kauf des Amts Homburg für 120.000 Gulden von seinem Bruder Wilhelm Christof ermöglichte.

Damit war er als Katholik Regent über ein lutherisches Ländchen geworden. Dies scheint allerdings kaum Probleme bereitet zu haben – weder ihm noch seinen Untertanen, zumal er selten in Homburg wohnte und stattdessen ein kostspieliges Leben in Frankfurt führte. Um 1670 engagierte er sich in einem südamerikanischen Kolonialprojekt, das der Merkantilist und Wirtschaftstheoretiker Johann Joachim Becher (1635–1682) dem Grafen von Hanau schmackhaft gemacht hatte. Die Rechnung Bechers, der eben Theoretiker und nicht Praktiker war, ging allerdings nicht auf und das Projekt endete für die Grafschaft Hanau in einem finanziellen Fiasko. Inwieweit Georg Christian dabei ebenfalls Verluste schrieb, ist nicht mehr genau festzustellen. Allerdings musste er 1671 die Landgrafschaft Homburg aus Finanznot an seine beiden Hauptgläubiger, den kurmainzischen Geheimrat Johann Christian von Boyneburg (1622–1672) und den Frankfurter Bankier Johann Ochs (gest. 1677), verpfänden.

Landgraf Ludwig VI. von Hessen-Darmstadt löste diese Verpfändung 1673 ein und Hessen-Homburg blieb bis 1679 wieder bei Darmstadt. In diesem Jahr lösten Wilhelm Christof und Friedrich II., der letztlich über die Geldmittel verfügte, bei der Witwe des im Jahr zuvor verstorbenen Landgrafen Ludwig VI. Homburg aus der Pfandschaft aus. 1680 trat Wilhelm Christof dann alle Rechte an Friedrich ab und nach seinem Tod im darauf folgenden Jahr trat Friedrich II. seine fast drei Jahrzehnte währende Alleinherrschaft an. Georg Christian verbrachte hingegen seine letzten Jahre mit verschiedenen erfolglosen Prozessen in Frankfurt und vor dem Reichshofrat, unter anderem gegen seinen Bankier Ochs. Er starb am 1. August 1677 in Frankfurt am Main. Als einer der wenigen Mitglieder der Homburger Landgrafen wurde er nicht in der Familiengruft in der Stadtkirche von Homburg beigesetzt, sondern im Mainzer Dom, wo sich das immerhin fünf Meter hohe Alabaster-Grabmal mit seiner knienden Figur im Harnisch bis heute erhalten hat.

Wird man für Georg Christian grundsätzlich eine wenig positive Bilanz über seine Regentschaft und vielleicht auch sein Leben ziehen müssen, so ist seine Bedeutung für die Landgrafschaft Hessen-Homburg doch nicht gering zu schätzen, insofern es ihm 1669 am Kaiserhof gelang, das Münzregal zu erwerben. Inwieweit er dieses gewinnbringend nutzen konnte, ist kaum nachprüfbar und sei dahin gestellt. Faktisch erwarb er damit aber für Hessen-Homburg ein prestigeträchtiges Merkmal frühneuzeitlicher Eigenstaatlichkeit, eben das Recht, eigene Münzen zu prägen und in Umlauf zu setzen. Aber auch seine Bedeutung, vielleicht sogar seine Vorbildfunktion für den jüngeren Bruder und dessen Lebenslauf sollte bedacht werden, insofern er jene Schritte ging und in jene Sphären vorstieß, in denen sich Friedrich zeitlich um rund zehn Jahre versetzt ebenfalls bewegen sollte: wechselnde (Militär-)dienste, Geldheirat, Konfessionswechsel und schließlich Heimkehr nach Homburg als Regent. Freilich weichen beim letzten Punkt die Parallelen stark voneinander ab. Während der ältere Bruder nach wenigen Jahren als Landesherr scheiterte und sein Leben in einer vergleichsweise bescheidenen Vierzimmerwohnung im zweiten Stock eines Hauses der Großen Eschenheimer Gasse in Frankfurt beendete, gelang dem Jüngeren die Umwandlung von Stadt und Amt Homburg in eine barocke Residenzstadt und einen kleinen frühneuzeitlichen Territorialstaat.

Wir sind mit dieser notwendigen Vorstellung der Geschwister den Ereignissen vorausgeeilt und befinden uns eigentlich noch mitten im Dreißigjährigen Krieg. Die Kriegsereignisse hatten bis 1633 bereits ihren Tribut gefordert und im Geburtsjahr Friedrichs wurden in der Stadt nur noch ca. 130 Haushalte und 17 Juden gezählt, das heißt die Gesamtbevölkerung dürfte nicht mehr als 600 bis 800 Köpfe umfasst haben. Wie weit die Einwohnerschaft bis zum Ende des Wütens im Jahre 1648 noch zurückging, ist nicht bekannt. Sicher ist auf jeden Fall, dass die schwersten Nöte erst nach 1634 kamen. Schwedische Truppen und ligistische bzw. kaiserliche Truppen, darunter Kroaten, Polen und Ungarn wechselten sich als Besatzer ab. Bereits mit dem Schwedeneinfall Ende 1631 hatte Landgraf Georg seine Residenz in

Darmstadt verlassen und sich nach Gießen, damals die stärkste Festung der Landgrafschaft, zurückgezogen. Friedrich I. harrte mit seiner Familie noch in Homburg aus. Die Stadt war zwar offiziell neutral, doch schützte dies nicht vor Einquartierungen und Plünderungen. Immerhin erwirkte Friedrich I. von den Schweden einige Schutzbriefe. Im Oktober 1634 war die Lage dann so bedrohlich, dass auch der Homburger Landgraf mit seinen Angehörigen und seinem Hofstaat nach Gießen flüchtete. Es ist ein Indiz sowohl für die bedrückende Enge in der Festungsstadt wie für die nicht allzu freundlichen Beziehungen zur Darmstädter Verwandtschaft, dass Friedrich mit den Seinen nicht im Gießener Neuen Schloss, der Burg oder einem sonstigen landgräflichen Besitz unterkam, sondern in das Haus des Philosophieprofessors Dr. Philipp Krebs einzog, das sich in der Nähe des Neuweger Tores unmittelbar hinter den mächtigen Festungswällen befand. Die Zustände in den überfüllten Quartieren werden sich in wenigem von jenen unterschieden haben, wie

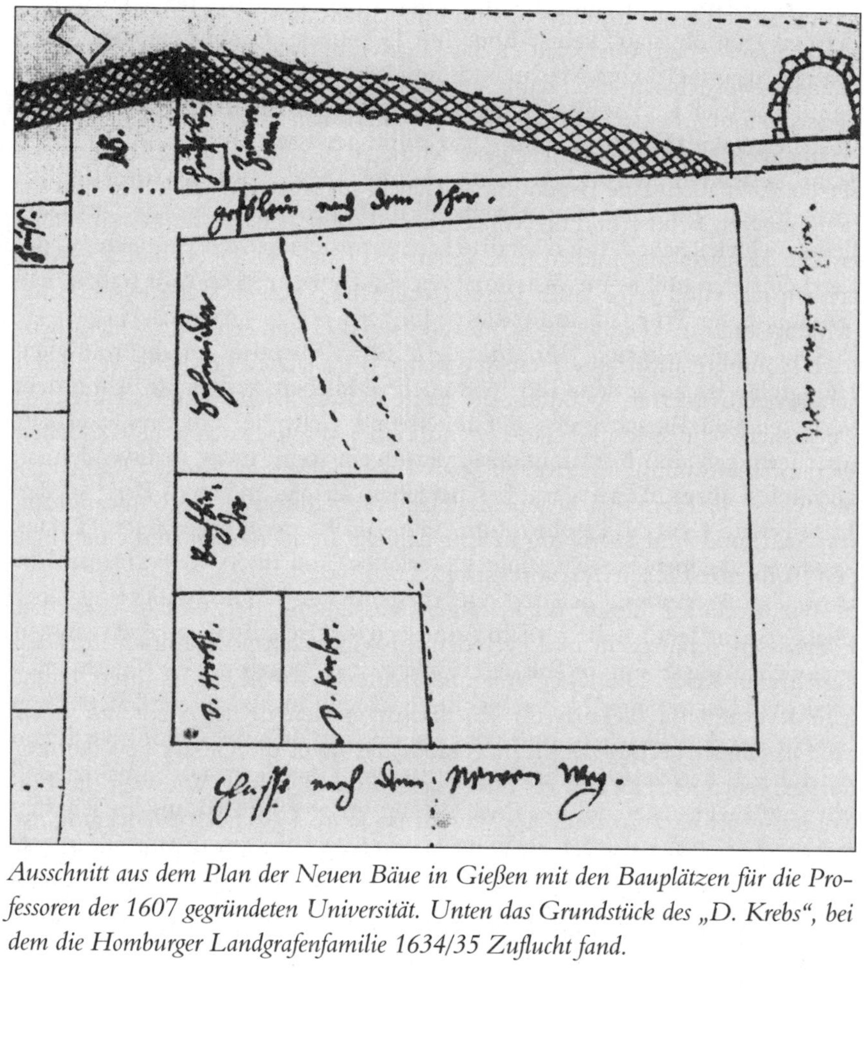

Ausschnitt aus dem Plan der Neuen Bäue in Gießen mit den Bauplätzen für die Professoren der 1607 gegründeten Universität. Unten das Grundstück des „D. Krebs", bei dem die Homburger Landgrafenfamilie 1634/35 Zuflucht fand.

sie von der zehnmonatigen Belagerung der Festung Hanau bekannt sind, die in diese Jahre fiel und die so eindringlich von Grimmelshausen in seinem „Simplicissimus“ beschrieben worden sind.

Freilich war die Familie immer noch erheblich besser gestellt als die mehr oder minder mittellosen Flüchtlinge aus den umliegenden Dörfern. So weisen die Kammerrechnungen aus, dass man mit bescheidenen Ausgaben versuchte, „in der jungen Herrn Gemach“ ein Minimum an Komfort zu schaffen. Der Verkauf von Wein im Wert von fast 1.300 Reichstalern an die Weinmeister in Gießen zeigt, dass man, positiv ausgedrückt, in den Versorgungshandel eingebunden war. Vor der größten Geisel des Krieges konnte allerdings auch das Geld nicht schützen. Als in Gießen die Pest mit voller Wucht ausbrach und binnen weniger Monate rund 1.400 Menschen dahinraffte, etwa ein Drittel der Bevölkerung, verließen die Landgrafenfamilien die sicheren Festungswälle. Die Darmstädter wichen in das nördlich gelegene Marburg aus, Friedrich I. „beneben gemahlin, jungen Herrschaften und Fräulein und dero gantzen Hofstatt“ kehrte Ende Juli 1635 nach Homburg zurück. Wohl weniger als militärischer Machtfaktor, sondern eher als lokale Ordnungskraft nahm Friedrich I. ab August 1635 einen Kapitänleutnant mit fünfzig Soldaten in seinen Sold. Hessen-Homburg war somit gewissermaßen zum armierten Stand geworden. Wirklichen Schutz konnte diese Miniaturarmee freilich nicht bieten. Einzelne umherstreifende Gruppen marodierender Soldaten ließen sich vielleicht davon beeindrucken; wenn aber ganze Regimenter in das Land einfielen und es im Wortsinne wie die Heuschrecken kahl fraßen, ließ sich mit dieser Truppe kaum etwas verhindern.

Die wenigen letzten Jahre, die dem eigentlich noch gar nicht so alten Landgrafen bis zu seinem Tod 1638 noch verblieben, verbrachte er mit dem Verfassen von Bittschriften an Fürsten und Generäle, um drohende Einquartierungen und Kontributionsforderungen, wenn nicht abzuwenden, so zumindest abzumildern – mit bescheidenem Erfolg. In einem Brief an den kaiserlichen General Lamboy (um 1590–1659), dem Verteidiger Hanaus, klagte er, dass bereits viele seiner Untertanen „mit ihren Weibern und Kindern in Hungersnot sterben und verderben mussten [...] und das geringe überpliebene häufflein hat die zumahl ruinierten dorffschafften verlassen müssen, und sich in diese unsere eintzige residentzstadt begeben“. Er zögerte auch nicht, den Darmstädter Neffen zu bitten, seinen Einfluss auf der kaiserlichen Seite geltend zu machen, und wies darauf hin, dass die Geldforderungen der Kaiserlichen dazu geführt hätten, dass wir „uns dergestalt entblößet, daß wir jetzt mehr als zuviel mit Fortführung unserer Hofhaltung zu schaffen haben“. Dies war natürlich auch ein Hinweis auf die von Darmstadt immer wieder verzögerten oder unterlassenen Apanagezahlungen, die Homburg ja nach wie vor zustanden und noch über Jahrzehnte hinweg immer wieder zu heftigen Konflikten führen sollten.

Neben diesen wirtschaftlichen und finanziellen Belastungen blieb die Landgrafenfamilie auch nicht von unmittelbaren Bedrohungen gefeit. So berichtete Friedrich I., ebenfalls an Georg in Darmstadt, dass ein kaiserlicher „Obristleutnant, seine Officiere und Reutter [...] auch der hertzlieben Gemahlin und beliebten Kindern unterschiedliche große Schrecken angetan" hätten. Auch von der gegnerischen Seite drohte Gefahr. Im Juni 1636 schrieb sein Bruder Philipp aus Butzbach, dass die verbündeten Hessen-Kasseler und Schweden auf ihrem Anmarsch in die Wetterau alles verheert und verbrannt hätten, ja sogar „etzliche von Adel totgeschossen, teils gefänglich weggeführt" hätten, um später Lösegeld von deren Angehörigen zu erpressen.

Nach einem am 8. Mai erlittenen Schlaganfall verstarb der „alte" Landgraf am darauf folgenden Tag im Alter von 54 Jahren. Hinter verschlossenen Stadttoren wurde er am 6. Juni unter großer Anteilnahme der Bevölkerung in der Gruft der Stadtkirche beigesetzt. Bereits am 9. Juni ließ sich seine Witwe Margarete Elisabeth dann von den Untertanen huldigen und übernahm die Vormundschaftsregierung für ihre minderjährigen Söhne.

Margarete Elisabeth trat ein schweres Erbe an. Zunächst musste das kleine Territorium durch die chaotischen Zeiten dieses letzten Jahrzehnts des Dreißigjährigen Krieges gesteuert werden, das mehr oder minder schutzlos den fremden Truppen ausgeliefert war, die sich inzwischen ihrerseits weniger um militärische Erfolge als um das bloße Überleben im ausgebluteten Land

Kriegs- und Friedensallegorie, 1650.

bemühen mussten. Im Oktober 1640 fielen die Schweden ein, 1.000 Reiter und 200 Mann Fußvolk, wohl mehr als die gesamte Homburger Bevölkerung, mussten versorgt werden. Sie entwaffneten die kleine Homburger Truppe und bedienten sich plündernder Weise am Vieh, den Vorräten und anderen Habseligkeiten der Stadtbewohner. Eine Aufstellung verzeichnet alleine für diesen Einfall mehr als 6.300 Reichstaler Schaden in der Stadt. Kaum hatte der General Reinhold von Rosen (1605–1667) die Schweden vertrieben, zogen „Schnapphähne", also bewaffnete Wegelagerer, durchs Land und verwüsteten „alles vollendts". In dieser Zeit erreichten die Bürger durch eine Eingabe an die Landgräfin, dass die bisher finanziell verschont gebliebenen Hofbeamten, die von Steuer befreit waren, künftig auch zu den geforderten Kontributionen herangezogen wurden.

Das Frühjahr 1642 über lagen die kaiserlichen Truppen im Quartier, im Juni 1643 waren es dann wieder die Schweden. Auch die letzten Jahre bis zum Friedensschluss in Münster und Osnabrück waren von Truppendurchzügen und erdrückenden Kontributionsforderungen gekennzeichnet. Es sollte noch mehr als zwei Jahre dauern, bis die letzten Söldnerhaufen aus dem Land verschwunden waren.

Kaum war der Pulverdampf des Krieges verzogen, verdunkelte sich der Himmel über dem Homburger Ländchen durch den Rauch der Scheiterhaufen. Die enorme Not und die Unfähigkeit, das erlittene Leid rational erklären zu können, verlangten nach Schuldigen. Entweder man nahm es als Strafe Gottes oder als das Werk der Hexen. Ihre Verfolgung gehört zu den dunkelsten Kapiteln in der Geschichte der Regentschaft von Margarete Elisabeth und der Regierungszeit ihres Sohnes Wilhelm Christof. Allein die vom Seulberger Pfarrer entfesselte Hexenjagd in den Jahren 1653 bis 1659 forderte in diesem Dorf mehr als 30 Opfer.

Neben den Sorgen um das Land hatte die Landgrafenwitwe nach dem Tod ihres Mannes auch die vier minderjährigen Kinder, eine Tochter und drei Söhne, zu versorgen. Soweit man dies nachvollziehen kann, bewältigte sie diese Aufgaben vergleichsweise gut. Dies war nicht zuletzt ihrer Tatkraft, Tüchtigkeit und Klugheit zu verdanken. Sie schien allerdings auch über ein gehöriges Maß an Selbstbewusstsein und Herrschaftswillen verfügt zu haben, was dem „Erwachsenwerden" besonders ihrer Söhne nicht unbedingt entgegengekommen sein dürfte. Noch 1649, als der älteste Sohn immerhin bereits 24 Jahre alt war, firmierte sie in den Erziehungsinstruktionen für die jüngeren Kinder als „Von Gottes Gnaden wir Landgräfin zu Hessen […] Wittib und Vormundtin". Vielleicht war ihre dominante Persönlichkeit mit ein Grund dafür, dass sich die Söhne nicht allzu oft in Homburg aufhielten und Wilhelm Christof immer von Bingenheim aus regierte.

III. Unterwegs – Kavalierstour und erster Feldzug

Bedenkt man die geschilderten Kriegsnöte und die bescheidenen finanziellen Verhältnisse, investierte die Landgräfin ganz erheblich in die standesgemäße Erziehung und Ausbildung ihrer Kinder. Seit 1629, als der Erstgeborene sechs Jahre alt war, waren durchweg wechselnde Instruktoren, Praeceptoren und Hofmeister in Homburg vertreten. Darunter sind Hauslehrer zu verstehen, meist junge Theologen, die noch keine feste Anstellung gefunden hatten. Sie sollten den jungen Herrschaften nicht nur Kenntnisse des Katechismus beibringen, sondern diese auch zu „Erlernung der Jurisprudenz, der Historien, der Politic, Ethic, undt der Oeconomi auß heydnischer Authorum Fundamenta“ anhalten. Daneben vermittelten sie ihren Schützlingen beträchtliche Sprachkenntnisse, neben dem Latein, als Sprache der Gelehrten und Juristen, auch Französisch, teilweise Spanisch und Italienisch, als Sprachen der Diplomatie, des Militärs und der höfischen Welt. Doch auch musische Fächer und Körperertüchtigung gehörten dazu: Musik, Tanz, Fechten, Reiten, Architektur und Stilkunde. Dies waren sozusagen die Grundvoraussetzungen, um sich später in der internationalen Adelsgesellschaft bewegen und auf dem Schlachtfeld bewähren zu können.

Früh wurde die weitere Ausbildung der Söhne im Ausland ins Auge gefasst. Auf diesen sogenannten Kavalierstouren sollten die Prinzen nicht nur ihre erworbenen Kenntnisse an berühmten Hochschulen vertiefen, sondern auch Kontakte zu möglichen Heiratskandidatinnen und Dienstherrn knüpfen. Zu diesem Zweck standen dabei stets Visiten bei den Fürsten in den besuchten Orten und in den Feldlagern der bedeutenden Heerführer auf dem Programm. Die Reise des Erstgeborenen ging nach Frankreich. Wilhelm Christof und Georg Christian wurden von 1641 bis 1644 in Begleitung eines Hofmeisters an die dänische Ritterakademie in Sorö geschickt. Im Mai 1643 wurden sie auch am dänischen Hof eingeführt und konnten Kontakte zum Kronprinzen aufnehmen. Die Berichte des Hofmeisters an die Landgräfin sprechen allerdings nicht nur von den Lernerfolgen, sondern thematisieren auch immer wieder die Geldnot und zeugen von einem Leben mehr oder weniger auf Pump. Es verwundert daher nicht, dass für den acht bzw. sieben Jahre jüngeren Friedrich nicht mehr viel übrig blieb. Auf Wunsch Margarete Elisabeths wurde er daher als Zwölfjähriger nach Marburg geschickt und dort von 1645 bis 1648 mit den beiden nur wenig älteren Söhnen des Darmstädter Landgrafen erzogen und unterrichtet.

Erst nach dieser Zeit werden Einzelheiten aus dem Leben Friedrichs II. bekannt. Überliefert sind sie in dem biografischen Bericht, den sein letzter Kammerdiener, Johann Becksen (auch Pocksen), „von seiner Durchlaucht von Wort zu Wort selbsten gehöret“ und einen Monat nach dem Tod Friedrichs in Homburg aufgezeichnet hat. Becksen leitet seine Lebensbeschreibung mit einem Unfall ein, den der 15-jährige Landgraf im Jahre 1648 in Homburg erlitt. Bei einem Spaziergang vom Schloss in den westlich gelegenen Garten verlor er am Hang des Schlossberges den Halt und brach sich das rechte Bein. Der herbeigerufene Barbier versorgte das Bein, Friedrich kehrte aber nicht mehr zur weiteren Ausbildung nach Marburg zurück. Ob die Verletzung ihn daran hinderte oder die umherstreifenden Truppen im letzten Kriegsjahr und der ersten Friedenszeit eine Überlandreise ungeraten erscheinen ließen, ist fraglich. Regelrecht auskuriert wurde das Bein offensichtlich nicht, denn im darauf folgenden Jahr erlitt er einen „starken Schlagfluß an demselben Schenkel“. Damit war natürlich kein Schlaganfall gemeint, vielmehr bezeichnete die zeitgenössische Medizin auch Symptome, bei denen man eine fließende Krankheitsmaterie vermutete, mit diesem Begriff. Nach dem die angewandten Medikationen und Therapien keine Besserung, aber zumindest auch keine Verschlechterung gebracht hatten, schickte man Friedrich in „das Pfefferbad“. Damit war Pfäfers gemeint, das südlich von Liechtenstein am Hochrhein liegt und im 17. Jahrhundert als „Königin aller Heilquellen“ galt.

Nach seiner Rückkehr scheint Friedrich wieder weitgehend hergestellt gewesen zu sein. Aus dieser Zeit überliefert Becksen die Anekdote, dass die Landgräfin den jungen Landgrafen zu dem berühmten französischen Marschall Turenne schickte, der damals noch mit seinen Truppen in der Wetterau lag. Friedrich ritt Turenne entgegen und überbrachte das Schreiben seiner Mutter, in dem sie Turenne bat, in Homburg kein Quartier zu nehmen. Der Marschall fand offensichtlich Gefallen an dem jungen Landgrafen. Er lud ihn ein, in seine Dienste zu treten, und bot an, die Kosten seiner weiteren Ausbildung zu übernehmen. Es war durchaus nicht ungewöhnlich, dass junge Adlige mit 15 oder 16 Jahren in die Dienste berühmter Heerführer traten oder als sogenannte Volontäre das Kriegshandwerk lernten. Die Landgräfin lehnte dieses Angebot allerdings ab. Die Gründe hierfür sind unklar; dass es ihre „deutsche Gesinnung“ (Friedrich Lotz) nicht zuließ, ist eher unwahrscheinlich. Vielleicht war es die Sorge um die Gesundheit des jüngsten, gerade genesenen Sohnes, vielleicht war es die Sorge, Friedrich könnte im französischen Dienst gegen den eigenen Bruder Georg Christian eingesetzt werden, der ja bereits seit 1647 im spanischen Sold stand und an den Kämpfen in Nordfrankreich beteiligt war.

Statt dieser frühen Militärausbildung besuchte der Landgraf die Akademie in Genf, so berichtet zumindest Becksen und ihm folgend die einschlägige Literatur. In der Genfer Universitätsmatrikel findet sich allerdings der Name Friedrichs nicht. Dies muss weiter nichts heißen, da sich junge Adlige auf ihrer Kavalierstour nicht immer den Regeln entsprechend in die Universitätsmatrikel einschrieben. Genf, der Stadtstaat Calvins, genoss damals den Ruf als „protestantisches Rom" und die Akademie hatte eine große internationale Ausstrahlung auf junge Adlige aus dem protestantischen, besonders dem reformierten Europa. Dass sich Friedrich hier aufhielt, wäre vielleicht ein Indiz für eine bewusste Abgrenzung gegenüber der als streng lutherisch geltenden Hauptlinie in Darmstadt. Wie lange sich Friedrich in Genf aufhielt, ist nicht bekannt. Mehrere Monate sind möglich, länger als ein Jahr wird es nicht gewesen sein. Immerhin perfektionierte er hier, wieder laut Becksen, seine Französischkenntnisse, seine Reit- und Fechtkunst sowie seinen Tanz. Die eingeschränkten Mittel, die ihm zur Verfügung standen, ließen ihn Quartier bei einem Reitlehrer der Akademie nehmen. Von Genf aus absolvierte er schließlich auch noch die übliche Kavalierstour, die ihn nach Frankreich und Italien führte. Genauere Hinweise über den Verlauf und die Dauer dieser Reise sind nicht bekannt. Seine Begleitung bestand wahrscheinlich aus dem Hofmeister und ein oder zwei Lakaien. Da 1649 Friedrich Meinhard von Langeln als Hofmeister für Friedrich bestellt wurde, der allerdings im Sommer 1653 wieder als Amtmann in Wiesbaden nachgewiesen ist, dürfte die Reise zwischen diesen beiden Jahren stattgefunden haben.

Im Jahre 1653 wurde Friedrich gemeinsam mit seinen Brüdern in den „Palmenorden" aufgenommen, der besser unter der Bezeichnung „Fruchtbringende Gesellschaft" bekannt ist. Diese Einrichtung war 1617 von dem gebildeten und vielseitig interessierten Fürsten Ludwig I. von Anhalt-Köthen (1579–1650) ins Leben gerufen worden und gilt als älteste deutsche Sprachgesellschaft. Sie nahm sich die 1583 in Florenz gegründete „Accademia della Crusca" zum Vorbild. In den ersten Jahrzehnten ihres Bestehens war sie auch ein wichtiges Netzwerk von protestantischen Fürsten, Politikern, Diplomaten und Gelehrten. Mit Fürst Ludwigs Tod 1650 war ihre große Zeit indes schon vorbei und Friedrich entfaltete in diesem Bereich keine größeren Aktivitäten.

Von seiner Ausbildung und seinem Lebensalter her war es nun an der Zeit, ein standesgemäßes Auskommen zu suchen, was zunächst hieß, in fremde Militärdienste zu gehen. Dies war meist der erste Schritt zu einer späteren Karriere als Diplomat, Politiker oder Vertrauter eines auswärtigen Herrschers. Lag das „Talent" hingegen im Kriegswesen, konnte man freilich auch in diesem Metier bleiben. Weder der eine noch der andere Karriereverlauf bedeutete, dass man nicht die Dienstherren wechseln konnte.

Landgraf Friedrich II. um 1650.

Nach den zumindest von der Bevölkerung sehnlichst herbeigewünschten Friedensschlüssen zu Münster und Osnabrück ging 1648 nicht nur ein drei Jahrzehnte währendes Brennen und Morden zu Ende. Für die Generation junger, im Krieg geborener und zum Kriegshandwerk ausgebildeter Männer brach auch ein Arbeitsmarkt zusammen. Das heißt, im näheren Umfeld einen als angemessen erachteten militärischen Posten zu erlangen, war hochgradig unwahrscheinlich. Indes hatte der kriegs- und vor allem seuchenbedingte Bevölkerungsrückgang praktisch in ganz Europa eine starke Nachfrage nach Arbeitskräften generiert. Schließlich war mit 1648 keineswegs in ganz Europa der Frieden eingekehrt: Der Pyrenäenkrieg (1635–1659) zwischen Frankreich und Spanien tobte weiter und zog auch die westlichen Gebiete des Alten Reiches und die südlichen Niederlande in Mitleidenschaft; von 1645 bis 1669 kämpften die Venezianer auf dem Balkan und auf Kreta gegen die Osmanen und 1655 brach der zweite Nordische Krieg zwischen Schweden und Polen aus, in dem sich unter anderem auch Russland, Österreich, Dänemark und Brandenburg militärisch engagierten.

Im letztgenannten Konflikt begann Friedrich II. seine militärische Laufbahn. Den Anlass für diesen Krieg lieferte die Thronfolge in Schweden. Hier hatte Christine (1629–1689), die Tochter und Nachfolgerin Gustav II. Adolfs, 1654 die Krone abgelegt und war – zum Entsetzen des protestantischen Europa – zum Katholizismus übergetreten. Bereits Jahre zuvor hatte sie ihren Cousin Karl X. Gustav von Pfalz-Zweibrücken (1622–1660) zu ihrem Nachfolger bestellt. Er war der Sohn ihrer Tante und eines entfernten Verwandten des Winterkönigs Friedrich V. von der Pfalz. In Polen lebte indes mit König Johann II. Kasimir (1609–1672) noch ein Wasa in direkter männlicher Abstammungslinie, der dementsprechend Thronansprüche anmeldete. Freilich war er katholisch, wie bereits sein Vater, der erste polnische König aus dem Hause Wasa. In Schweden, mittlerweile ein durch und durch protestantisches Land, war ein katholischer König natürlich undenkbar und der schwedische Adel wählte Karl X. Gustav deshalb zum neuen König. Es ging demnach auch in diesem Konflikt wieder um die Konfessionsfrage, wenngleich das konfessionelle Argument gegenüber den Staatsinteressen deutlich in den Hintergrund trat und den meisten Beteiligten an diesem Krieg, der bis 1660 dauern sollte, klar war, dass es in erster Linie um das „dominium maris baltici", die Vorherrschaft im Ostseebereich ging, die Polen als die alte Vormacht gegen den Aufsteiger Schweden zu behaupten suchte.

Noch 1648 hatte Christine ihren Cousin Karl X. Gustav zum Generalissimus ernannt, zum Oberbefehlshaber des schwedischen Heeres in Deutschland. Dies war der wichtigste Posten im damaligen schwedischen Militärapparat. Möglicherweise war er in dieser Zeit in Kontakt mit der Homburger Landgrafenfamilie gekommen. Allerdings bestanden die Verbindungen zwischen dem schwedischen Königshaus und der Landgrafenfamilie schon seit Generationen. Besonders zum Kasseler Zweig hatten sich in den letzten Jahren engere Kontakte ergeben. So hatte etwa ein Sohn des Landgrafen Moritz, ebenfalls ein Friedrich (1617–1655), 1646 die Schwester Karl X. Gustavs geheiratet und eine glänzende Militärkarriere im schwedischen Heer begonnen. Er kam allerdings bereits am Beginn des Krieges gegen Polen im September 1655 in der Nähe von Posen ums Leben. Der Homburger Friedrich sah auf jeden Fall im bevorstehenden Krieg seine Chance und bedrängte nach Karl X. Gustavs Thronbesteigung sofort seine Mutter, nach Schweden gehen und dort um Militärdienste ansuchen zu dürfen. Schließlich willigte die Landgräfin ein und Friedrich reiste in der zweiten Jahreshälfte 1654 nach Stockholm, um sich dort als Offizier zu bewerben.

Allerdings gibt es auch Hinweise, dass er bereits damals in engerem Kontakt mit Friedrich Wilhelm I., dem Großen Kurfürsten von Brandenburg, stand – ein Umstand, der bisher übersehen wurde. Denn im März 1655 wurde im Geheimen Rat in Berlin protokolliert, dass man auf die Nachrichten Friedrichs warten wolle, die dieser über die schwedischen Planungen des bevorstehenden Feldzuges gegen Polen angekündigt habe. Gewiss würde man diese Information überbewerten, wenn man Friedrich gleichsam als brandenburgischen Agenten in Stockholm betrachtete. Diese Tatsache ist aber durchaus von Bedeutung und nicht ohne eine gewisse „Delicatess", denn sie zeigt, dass Friedrich bereits damals mit dem Großen Kurfürsten in Kontakt stand, was ihn aber nicht daran hinderte, in schwedischen Diensten in einem Krieg gegen Brandenburg zu dienen, das ja zunächst auf polnischer Seite stand. Diese Beziehungen nach Berlin dürften sich über die Verwandtschaft in Kassel entwickelt haben. Der dort regierende Wilhelm VI. (1629–1663), der Sohn eines Großcousins, war seit 1649 mit Hedwig Sophie (1623–1683), einer Schwester des Kurfürsten, verheiratet. Diese Ehe hatte im Grunde die während der letzten Jahre des Dreißigjährigen Krieges und bei den Verhandlungen auf dem Westfälischen Friedenskongress entstandene Zusammenarbeit der beiden reformierten Fürstenhäuser Hessen-Kassel und Brandenburg dynastisch besiegelt. Mit den wie auch immer gearteten Kontakten nach Berlin hatte sich Friedrich also auf jeden Fall bereits 1655 deutlich von der strikt lutherischen Familie in Darmstadt abgesetzt.

Nach mehrmonatigem Aufenthalt in Stockholm wurde Landgraf Friedrich schließlich am 17. März als „Oberst zu Roß" im Dienst des schwedischen Königs bestallt und nach Deutschland zurückgeschickt, um in Hessen sein Regiment anzuwerben. Es war zwar üblich, dass Adlige schon vergleichsweise jung hohe militärische Ränge bekleiden konnten. Mit 21 Jahren und – soweit bislang bekannt– ohne Kriegserfahrung im Range eines Obersten in das Kriegsunternehmertum einzusteigen, ist zunächst weniger als Indiz für den persönlichen Eindruck zu werten, den der junge Landgraf auf den schwedischen König gemacht hatte, als vielmehr für dessen wilden Entschluss, möglichst schnell, möglichst viele Truppen aufzustellen, um Polen in die Knie zu zwingen. Zweifellos spielten dabei auch persönliche Empfehlungen eine gewisse Rolle. Ob sein erwähnter gleichnamiger Kasseler Großcousin oder Wrangel bzw. Königsmarck, die am Ende des Krieges Homburg möglicherweise kennengelernt hatten, ein Wort für Friedrich einlegt hatten, ist zu vermuten, allerdings quellenmäßig nicht zu belegen.

Noch vor seiner Rückkehr nach Hessen entging Friedrich bei einem Gastmahl im Hause des berühmten schwedischen Feldmarschalls Hans Christoffer von Königsmarck (1600–1663) nur knapp einem Giftanschlag. Die einzige Quelle für diesen mysteriösen Vorgang ist wiederum der Lebensbericht seines Kammerdieners Becksen. Selbst der Grund für den Besuch im Hause des Feldmarschalls wurde nicht benannt. Da Königsmarck ebenfalls ein Mitglied der Fruchtbringenden Gesellschaft war, könnte der Anlass vielleicht von gesellschaftlicher Bedeutung gewesen sein. Da Königsmarck aber auch schwedischer Generalgouverneur von Verden und Bremen war, kann es sich auch um ein offizielles Treffen der Militärs gehandelt haben, in dessen Verlauf man über den bevorstehenden Truppentransport des geplanten Homburger Regimentes verhandelte. Es bleibt ebenso unklar, ob der Anschlag überhaupt der Person des Landgrafen gegolten hat. Der Vorgang selbst wird bei Becksen allerdings eindeutig beschrieben, wonach sich Friedrich auf jeden Fall in höchster Lebensgefahr befand. Der Feldmarschall hatte einen goldenen Becher mit Wein fühlen lassen, der in der Runde umhergereicht wurde, die auf das Wohl des schwedischen Königs trank. Königsmarck, der zuerst getrunken hatte, meldete auch als Erster Übelkeit an, sodann fühlte sich der Landgraf unwohl und schließlich noch zwei anwesende namentlich nicht genannte Obristen, die zuletzt aus dem Becher getrunken hatten. Diese beiden verstarben am Tag darauf tatsächlich, Königsmarck und Friedrich konnten hingegen mit Medikamenten kuriert werden. Es scheint nicht unwahrscheinlich, dass Königsmarck das eigentliche Ziel des Anschlags war. Mit unermesslicher Kriegsbeute war er aus dem Dreißigjährigen Krieg nach Schweden gekommen und bald Gläubiger des Königshauses geworden. Zudem führte er in Bremen und Verden ein selbstherrliches und nahezu unabhängiges Regiment. An Neidern und politischen Feinden dürfte es ihm demnach nicht gefehlt haben.

Als Karl X. Gustav im Sommer 1655 von Pommern und Litauen aus in das politisch völlig zerrüttete Polen einfiel und Warschau (9. September) und Krakau (16. Oktober) rasch besetzte, befand sich Friedrich in Homburg. Seine Werbungen in der Gegend um Frankfurt erregten im Reich einiges Aufsehen. Der Große Kurfürst, besorgt über die raschen Erfolge des schwedischen Königs und bestrebt, zwischen den beiden Nachbarn Polen und Schweden einen eigenen Weg zum machtpolitischen Aufstieg zu beschreiten, interve-

Landgraf Friedrich II., 1653.

nierte sogar beim Kaiser in Wien, um diese Werbungen verbieten zu lassen. Ob Ferdinand III. (1608–1657) tatsächlich reagierte, ist nicht bekannt. Friedrich behauptete in späteren Jahren gegenüber der schwedischen Regierung allerdings wiederholt, dass er sich mit diesen Werbungen für Karl X. Gustav „die Ungnade des Kaisers auf den Hals" gezogen habe. Die Anwerbungen musste Friedrich aus seiner eigenen Tasche vorfinanzieren. Der Geldhahn in Stockholm tropfte mit dem Kriegsausbruch nur noch spärlich und Karl X. Gustav fiel es schwer, seine bereits im Felde stehenden Truppen zu bezahlen. Statt eines ganzen Regiments brachte Friedrich schließlich nur zwei Kompanien zusammen – ob aus Geldmangel oder wegen fehlender Kriegswilliger in dem durch den Dreißigjährigen Krieg ausgebluteten Land, sei dahingestellt. Mit diesen rund 140 Mann machte er sich noch im frühen Herbst auf den Weg an die Ostsee. Die Marschroute führte über das schwedische Stade im Herzogtum Bremen. Am 3. September erhielt die durch Anwerbungen auf dem Weg nach Norden auf 190 Mann angewachsene Truppe den königlichen Marschbefehl in Richtung Polen.

Mittlerweile war der polnische König nach Sachsen geflohen, die Truppen des Zaren waren in Ostpolen eingefallen und Karl X. Gustav eruierte Pläne zu einer Teilung Polens – gut ein Jahrhundert später sollte das alte Polen ja dann tatsächlich in drei Teilungen zwischen Österreich, Preußen und Russland zerschlagen werden. Der Große Kurfürst fürchtete in dieser Situation nicht unbegründet um die territoriale Integrität seines Herzogtums Preußen, also des heutigen Ostpreußens, das er als polnisches Lehen regierte. Er zog deshalb nach Ostpreußen und bereitete die Verteidigung dieses Territoriums vor. Eine bewaffnete Auseinandersetzung stand zu befürchten, sogar einer der engsten Berater des Kurfürsten in diesen Tagen, Georg Friedrich von Waldeck (1620–1692), riet zum Angriff gegen die Schweden. Doch bereits auf dem Weg nach Ostpreußen ging der Große Kurfürst dem schwedischen Vorposten an der Weichsel unter dem Befehl von Gustav Otto Stenbock (1614–1685) aus dem Weg, um so eine direkte militärische Konfrontation zu vermeiden.

Zu eben diesem Stenbock stieß Landgraf Friedrich mit seiner kleinen Truppe. Noch Anfang Dezember 1655 erhielt die Einheit in einem Gefecht bei Mewe (Gniev), etwa 60 Kilometer südlich von Danzig an der Weichsel gelegen, die Feuertaufe. Friedrich gelang es mit großem persönlichem Mut und vielleicht auch mit etwas Anfängerglück, eine polnische Kavallerieeinheit aufzureiben. Ein Teil der meist aus polnischen Edelleuten bestehenden Truppe wurde getötet, ein anderer Teil gefangen genommen. Zweifellos hatte dieses Gefecht für den weiteren Kriegsverlauf keine oder nur eine verschwindend geringe strategische und militärische Bedeutung. Damit war aber mit einem Paukenschlag die militärische Karriere des jungen Landgrafen begründet und es war selbst dem königlich-schwedischen und späteren

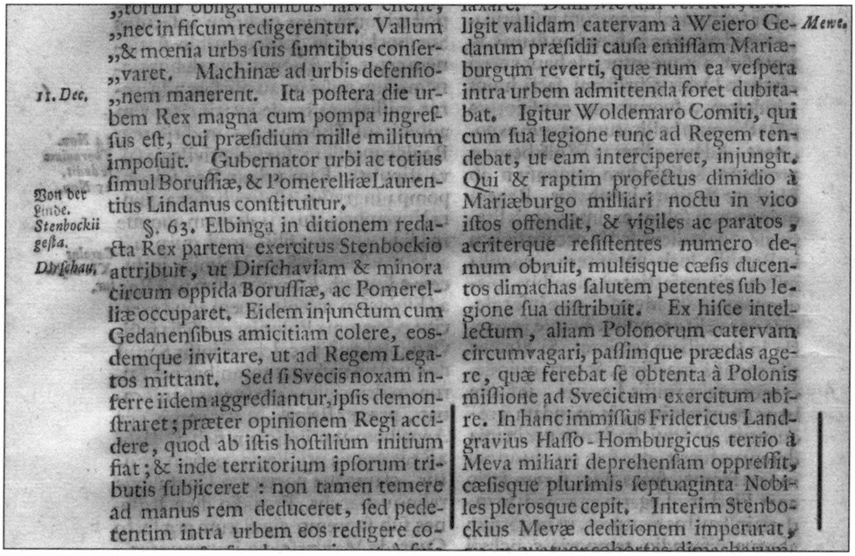

„nec in fiſcum redigerentur. Vallum „& mœnia urbs ſuis ſumtibus conſer- „varet. Machinæ ad urbis defenſio- „nem manerent. Ita poſtera die ur- bem Rex magna cum pompa ingreſ- ſus eſt, cui præſidium mille militum impoſuit. Gubernator urbi ac totius ſimul Boruſſiæ, & Pomerelliæ Laurentius Lindanus conſtituitur.

11. Dec.

Von der Linde.

Stenbockii geſta.

Dirſchau.

§. 63. Elbinga in ditionem redacta Rex partem exercitus Stenbockio attribuit, ut Dirſchaviam & minora circum oppida Boruſſiæ, ac Pomerelliæ occuparet. Eidem injunctum cum Gedanenſibus amicitiam colere, eosdemque invitare, ut ad Regem Legatos mittant. Sed ſi Svecis noxam inferre iidem aggrediantur, ipſis demonſtraret; præter opinionem Regi accidere, quod ab iſtis hoſtilium initium fiat; & inde territorium ipſorum tributis ſubjiceret : non tamen temere ad manus rem deduceret, ſed pedetentim intra urbem eos redigere co-

Mewe.

ligit validam catervam à Weiero Gedanum præſidii cauſa emiſſam Mariæburgum reverti, quæ num ea veſpera intra urbem admittenda foret dubitabat. Igitur Woldemaro Comiti, qui cum ſua legione tunc ad Regem tendebat, ut eam interciperet, injungit. Qui & raptim profectus dimidio à Mariæburgo milliari noctu in vico iſtos offendit, & vigiles ac paratos, acriterque reſiſtentes numero demum obruit, multisque cæſis ducentos dimachas ſalutem petentes ſub legione ſua diſtribuit. Ex hiſce intellectum, aliam Polonorum catervam circumvagari, paſſimque prædas agere, quæ ferebat ſe obtenta à Polonis miſſione ad Svecicum exercitum abire. In hanc immiſſus Fridericus Landgravius Haſſo-Homburgicus tertio à Meva miliari deprehenſam oppreſſit, cæſisque plurimis ſeptuaginta Nobiles plerosque cepit. Interim Stenbockius Mevæ deditionem imperarat,

Samuel Pufendorf: Erwähnung der Gefangennahme von mehr als 70 polnischen Edelleuten durch Landgraf Friedrich in dem Gefecht bei Mewe.

brandenburgischen Hofhistoriografen Samuel von Pufendorf (1632–1694) wert, über dieses Ereignis in seiner Geschichte der Taten Karl X. Gustavs zu berichten (Teil II, § 63).

IV. Silber und Gold – schwedische Kriegsdienste und schwedische Ehe

Der schwedische König honorierte die Leistungen Friedrichs während des ersten Feldzuges im Krieg gegen Polen umgehend. Am 6. Dezember kam in Marienfeld an der Grenze zwischen West- und Ostpreußen eine „Capitulation", also ein Vertrag, zwischen Karl X. Gustav und Friedrich zu Stande, nach deren Wortlaut der Landgraf zehn Kompanien zu je 60 Reitern aufstellen sollte. Dazu erhielt er 18.000 Taler an Werbegeld. Mit seinen beiden bereits in deutschen Gebieten angeworbenen Kompanien sollte sein Regiment demnach zwölf Kompanien mit insgesamt rund 700 Mann umfassen.

Noch vor der Jahreswende ging Friedrich wieder zurück nach Hessen, verlangte der Vertrag mit dem König doch ausdrücklich, dass er „innerhalb 4 Monat [...] solche 10 Kompanien an guten und untadelhaften Reutern und Pferden zusambt allem Zubehör völlig komplett zu liefern und damit an Ort und Ende, wohin Sie kommandiert werden, zu folgen und zu marschieren [hätte]". Freilich war dieser Termin nur schwer einzuhalten und ob er tatsächlich zehn Kompanien zusammenbrachte, ist nicht so ganz sicher. Zumindest gewährte ihm sein Kassler Vetter den freien Durchzug nach Norden nur für drei bis vier Kompanien Reiter. Diese Truppe passierte erst am 26. Juni Bremen und ging anschließend bei Lauenburg südöstlich von Hamburg über die Elbe.

Die langen Märsche und die unregelmäßige Bezahlung führten in Friedrichs Regiment, wie in so vielen anderen auch, bald zu einer Unzufriedenheit, die sich rasch zu offener Meuterei und Befehlsverweigerungen steigern konnte. Friedrich selbst hatte sich längere Zeit nicht bei der Truppe aufgehalten und das Kommando seinem Stellvertreter, dem Obristleutnant Georg Friedrich Öffener überlassen, damals ein durchaus normaler Vorgang. Als er bei seiner Rückkehr das Regiment in Unordnung und Disziplinlosigkeit vorfand, reagierte er außerordentlich geschickt. Zunächst beschwichtigte er die Soldaten mit mehreren Fässern rasch herbeigeschafftem Bier und Spielleuten. Am nächsten Tag wurde seinem Marschbefehl offenbar ohne Murren Folge geleistet, indes ging es Friedrich darum ein „exemplum zu statuieren". Als sich das Regiment in der Nähe von Stettin auf einer kleinen Insel befand, wurde es rasch von zwei Einheiten unter dem Befehl von Kurt Christoph von Königsmarck (1634–1673) umstellt. Dieser Königsmarck war ein Sohn des bereits erwähnten schwedischen Gouverneurs von Bremen und Verden, in dessen Stockholmer Haus Friedrich zwei Jahre zuvor Opfer eines Giftanschlages geworden war. Friedrich forderte von seinen Soldaten die Herausgabe der Rädelsführer. Als sie dies verweigerten, drohte er, jeden Zehnten von ihnen hängen zu lassen. Das Regiment gab schließlich vier übel beleumundete Reiter heraus. Als die vier zum Galgen geführt wurden, „that das Regiment den Fußfall" und bat den Landgrafen um Gnade für dieselben, die Friedrich tatsächlich gewährte. Gewiss, der Bericht des Kammerdieners Becksen ist zweifellos wenig objektiv. Die Episode wirft indes ein bezeichnendes Licht auf die Binnenstruktur des Regimentes, das sich eben durchaus als eigener Organismus verstand, aber auch auf das Verhältnis der Soldaten zu ihrem Regimentschef.

Die militärische Großwetterlage hatte sich im Frühjahr 1656 zu Ungunsten der Schweden entwickelt. Die polnischen Truppen hatten sich neu formiert, konnten Danzig einnehmen und am 1. Juli sogar Warschau wieder besetzen. Besonders mit der Einnahme Danzigs wuchs die Gefahr für die schwedischen Truppen, im polnischen Binnenland von der Versorgung über die Ostsee abgeschnitten zu werden. Die im Juni begonnene elfmonatige Belagerung der Stadt an der Weichselmündung durch die Schweden blieb erfolglos. Mit dem Vertrag von Marienberg am 23. Juni 1656 gelang es Karl X. Gustav immerhin, den Großen Kurfürsten auf seine Seite zu ziehen.

Nach der erwähnten Meuterei zog Friedrich mit seinem Regiment weiter entlang der Ostseeküste nach Osten. Ende Juli oder Anfang August vereinigte sich die kleine Streitmacht mit der schwedischen Belagerungsarmee vor Danzig. Hier stand das Regiment unter dem Kommando des schon bekannten und frisch zum Feldmarschall beförderten Gustav Otto Stenbock. Von der Belagerung berichtet Becksen wiederum eine anekdotenhafte Begebenheit, die schlaglichtartig Einblick in den Kriegsalltag gewährt. Die Polen machten einen starken Ausfall und versuchten, die schwedische Umzingelung zu durchbrechen. Auf Stenbocks Befehl raffte Friedrich in der Eile einige Berittene unterschiedlicher Regimenter zusammen, um die Polen zurückzuwerfen. Obwohl diese in der Überzahl waren – ob doppelt so viele, wie Becksen schreibt, sei dahingestellt – gingen die Schweden unter Friedrich zu einem kühn vorgetragenen Gegenangriff über. Die Polen erlitten beträchtliche Verluste an Toten und Gefangenen, der Rest konnte sich wieder zurück in die Festung retten. Der Homburger hatte im Kampf „ein schön Pferd zur Beut' bekommen, war aber ein Rapp, wo mit Rappen Ihr Lebtag kein Glück haben". Als die Gefangenen in das Lager zurückgeführt werden sollten, stellte man fest, dass die Polen bei ihrem Ausfall die Brunnen vergiftet hatten, also musste man seinen Durst mit Bier aus einem in der Nähe gelegenen Dorf stillen. Ob es sich bei dem anschließenden Unglück des Landgrafen um einen schlichten Reiterunfall handelte oder ob der Alkohol mit im Spiel war, ist nicht zu entscheiden. Auf jeden Fall stürzte der Landgraf mit seinem erbeuteten Pferd und fiel so unglücklich auf einen Baumstumpf, dass er sofort aus Ohren und Nase blutete, „auch die rechte Achsel entzwei und die Brust entzwei" gingen. Seine Offiziere hielten ihn bereits für tot und legten ihn auf einen der mitgeführten Wagen. Der Einzug in das Lager erinnert an einen kleinen Triumphzug für einen gefallenen Helden: vornweg marschierten die Gefangenen und die Beutetiere, es folgte Friedrich auf dem Wagen und schließlich die Truppe. Sein Hofmeister Georg Christoph von Kohlhans, der ihm noch Jahrzehnte als Geheimer Rat und Hofrat dienen sollte, ließ ihn in sein Quartier schaffen, wo die herbeigerufenen „Doktor und Balbierer" den Verletzten versorgten. Ein Tag und eine Nacht blieb der Landgraf ohne jedes Lebenszeichen bewusstlos liegen – man spürte nur, „daß der Atem noch ausgehet". Doch der Hofmeister und die Mediziner hatten ihn offensichtlich schon aufgegeben, denn sie ließen bereits einen Sarg anfertigen. Nach zwei weiteren Tagen und Nächten erwachte der Patient allerdings wieder aus seiner Ohnmacht und genas vergleichsweise rasch. Möglicherweise rettete ihm paradoxer Weise der Umstand das Leben, dass ihn die Ärzte abgeschrieben und dementsprechend von irgendwelchen Aderlässen und sonstigen zeitüblichen Rosskuren abgesehen hatten. Die schmerzhaften Folgen dieser Verletzungen, wahrscheinlich waren die Schulter und das Brustbein oder mehrere Rippen gebrochen und nicht ordentlich verheilt, sollte der Landgraf jedoch bis zu seinem Tode beklagen.

Leider weiß man nicht genau, wann sich diese Vorfälle ereigneten. Auf jeden Fall war der Landgraf spätestens im August oder September wieder soweit hergestellt, dass er aktiven Dienst leisten konnte, was für den Kavallerieoffizier vor allem Reiten bedeutete. Das „Kriegstheater" hatte sich im Laufe des Sommers erheblich belebt und die Akteure hatten teilweise neue Rollen übernommen. Der Große Kurfürst zeigte die ersten Symptome des sprichwörtlichen „brandenburgischen Wechselfiebers". Mit dem Marienburger Bündnis vom 25. Juni 1656 stellte er sich offen gegen den polnischen König auf die Seite Schwedens und erhielt dafür die schwedische Zusicherung über die Souveränität einiger seiner preußischen Besitzungen. In einer dreitägigen Schlacht vom 28. bis 30. Juli 1656 schlugen dann die vereinigten schwedischen und brandenburgischen Truppen in der Folge die polnische Armee vor Warschau vernichtend. König Johann Kasimir konnte allerdings überraschend schnell seine versprengten Truppen wieder sammeln.

Entlastung für Polen schaffte vor allem der Einfall von rund 20.000 Mann litauisch-tatarischer Streitkräfte unter Führung des Generals und Hetmans Vincenty Gonsiewski (1620–1662) in Masuren und dem östlichen Preußen. Die Schweden und Brandenburger konnten diesem Ansturm nur gut die Hälfte an Infanteristen und 2.000 rasch zusammengetrommelte Reiter des preußischen Adels entgegenstellen. Unter dem Kommando Georg Friedrichs von Waldeck erlitten sie am 8. Oktober bei Prostken eine vernichtende

Niederlage und verloren mehr als die Hälfte ihrer Soldaten. Der Kurfürst beorderte daraufhin Georg von Derfflinger (1606–1695), seinen bekanntesten Reiterführer, aus der Neumark heran. Unterstützt wurde er durch schwedische Truppen unter Stenbock, die von der Belagerung Danzigs abgezogen worden waren. Bei dieser Streitmacht ritten auch acht Kompanien des Regimentes Hessen-Homburg unter dem Kommando des Landgrafen. Hier im Osten der masurisch-litauischen Grenzwälder fochten also Derfflinger und Homburg das erste Mal gemeinsam – 19 Jahre vor Fehrbellin! Gonsiewski versuchte auszuweichen, wurde aber am 23. Oktober bei Filipow (Philippowo) etwa 75 Kilometer südöstlich von Insterburg von den Brandenburgern und Schweden gestellt. Zusammen mit dem altgedienten brandenburgischen General Joachim Ernst von Görzke (1611–1682) führte Landgraf Friedrich den Vortrab, also die Vorhut, in die Schlacht, die als ein vollständiger brandenburgischer Sieg endete.

Zum Jahresende 1656 verschoben sich dann erneut die militär- und bündnispolitischen Fronten. Die zunehmende Schwächung Polens und die Gewichtsverschiebung zugunsten Brandenburgs und vor allem Schwedens hatten den eigentlich kriegsmüden Kaiser Ferdinand III. (1608–1657) noch vier Monate vor seinem Tod zum Abschluss eines österreichisch-polnischen Allianzvertrages veranlasst. Der neue junge Kaiser Leopold I. (1640–1705) weitete dieses Bündnis im Mai 1657 aus und setzte die österreichischen Truppen umgehend in Richtung Krakau in Marsch. Im gleichen Monat eröffnete der dänische König Friedrich III. (1609–1670) den Krieg gegen Schweden. Die Gelegenheit schien günstig, da der schwedische König Karl X. Gustav in Polen gebunden schien und man hoffte, das in den letzten Jahrzehnten verloren gegangene Terrain zurückzugewinnen. Damit war Karl X. ein Zweifrontenkrieg aufgezwungen worden. Dies hatte auch Folgen für das Regiment Hessen-Homburg, denn es wurde scheinbar geteilt. Zwei Eskadronen, also vier Kompanien, standen im Dezember in der Armee des schwedischen Königs. Wo sich die übrigen befanden, ist nicht bekannt – ebenso wenig wie der Aufenthaltsort des Landgrafen selbst. Wahrscheinlich hatten sie irgendwo in Ostpreußen Winterquartiere bezogen. Im April 1657 führte dann Landgraf Friedrich eine Patrouille von Marienburg an der Weichsel in Richtung Süden in die Gegend von Bromberg und Thorn, seine letzte bekannte militärische Aktion in diesem polnischen Feldzug des schwedischen Heeres. Eine Eskadron mit zwei Kompanien folgte dann dem schwedischen Heer weiter nach Südpolen. Ob Friedrich an diesem Zug teilnahm, ist ungewiss.

Zur Bekämpfung Dänemarks musste Karl X. auf jeden Fall Truppen vom polnischen Kriegsschauplatz abziehen. Am 16. Juni 1657 wurden acht Kompanien des Regimentes Hessen-Homburg mit 250 Mann in Richtung Holstein in Marsch gesetzt. Eine Proviantrechnung in Demmin, ca. 30 Kilometer südwestlich von Greifswald, nennt sogar 350 Mann. Die Vermutung liegt nahe, dass hier 100 neue Rekruten aus Deutschland dazu gestoßen waren, die Friedrich angeworben hatte.

Der schwedische Oberbefehlshaber im Westen war ab August 1657 der alte und erfahrene Carl Gustav Wrangel (1613–1676), der gegen Ende des Dreißigjährigen Krieges auch in der Wetterau unterwegs gewesen und seit 1648 General-Gouverneur von Schwedisch-Pommern war. Am 18. August stellte sich Friedrich von Homburg mit seiner Truppe in Kiel unter dessen Kommando. Das Corps Wrangels bestand nun aus sieben Regimentern und ging zusammen mit den Truppen, die der schwedische König herbeigeführt hatte, entschlossen gegen die Dänen vor. Nachdem diese zuvor aus dem Herzogtum Bremen vertrieben worden waren, wurde nach längerer Belagerung am 24. Oktober die erst 1650 gegründete Schlüsselfestung Fredericia (Frederiksodde) erobert. Damit hatten sich die Schweden den ungehinderten Zugang nach Jütland, also dem dänischen Festland, verschafft. Über den genauen Anteil Homburgs an dieser Eroberung ist nichts bekannt. Vielleicht hielt er sich schon 50 Kilometer weiter nördlich in Skanderborg auf, wo er während des Herbstes neue Truppen rekrutieren sollte – im Feindesland zweifellos eine nicht ganz einfache Tätigkeit. Im November stand das Regiment Hessen-Homburg jedenfalls in Aalborg, also am nördlichsten Zipfel Jütlands. Das Winterquartier wurde wiederum in Skanderborg bezogen, wo es im Januar 1658 nachzuweisen ist.

Mittlerweile hatte sich eine Frontenverschiebung ergeben. Der unerwartete schwedische Erfolg in dem Zweifrontenkrieg bewog den Großen Kurfürsten, aus dem schwedischen Bündnis auszuscheren. Am 19. September 1657 schloss er in Wehlau einen Friedens- und Freundschaftsvertrag mit Polen, nicht ohne sich die Souveränität Preußens zusichern zu lassen. Allerdings war Brandenburg militärisch noch nicht in das antischwedische Bündnis zwischen Österreich, Dänemark und Polen eingetreten.

In einer spektakulären Aktion nutzten mittlerweile die schwedischen Truppen den strengen Winter und marschierten am 30. Januar 1658 bei Iversnaes unter feindlichem Feuer über das Eis der zugefrorenen Meerenge zur Insel Fünen. Von dort eroberten sie nach und nach die dänischen Inseln, setzten schließlich auf die Hauptinsel Seeland über und bedrohten Kopenhagen. Karl X. Gustav drang zwar bis zur dänischen Hauptstadt vor, zu einer Belagerung sollte es indes noch nicht kommen. König Friedrich III. von Dänemark lenkte ein und am 26. Februar 1658 konnte der Frieden von Roeskilde unterzeichnet werden.

An diesem Marsch nach Seeland nahmen Landgraf Friedrich und sein Regiment nicht teil. Wahrscheinlich bezogen sie Winterquartiere auf Fünen. Am 9. März, also bereits nach dem Friedensschluss, hielt sich Friedrich auf jeden Fall noch in Faaborg an der Südküste der Insel Fünen auf.

Der Versuch des schwedischen Königs, Dänemark nach diesem Friedensschluss vollständig niederzuwerfen, bewirkte bald das Einschreiten Brandenburgs, Österreichs und Polens, die sich in einem antischwedischen Bündnis zur Unterstützung Dänemarks zusammenfanden. Besonders die schwedische Besetzung der dänischen Provinzen im heutigen Südschweden im Vollzug des Friedensvertrages rief die Seemächte England und Niederlande auf den Plan. Sie waren an einem möglichst ungehinderten Schiffsverkehr durch den Sund interessiert und befürchteten hier eine restriktive Zollpolitik durch die Schweden. Der Friede von Roeskilde hielt dementsprechend nur ein halbes Jahr. Karl X. Gustav versuchte mit einer Überraschungsaktion im August der sich formierenden Front seiner Feinde zuvorzukommen und Dänemark im Herzen zu treffen. Von Kiel aus schiffte er sich und seine Truppen mit unbekanntem Ziel ein und landete am 7. August 1658 in Korsör an der Südwestküste Seelands. In vier Tagen durchquerte die schwedische Invasionsarmee die dänische Hauptinsel und begann mit der Belagerung Kopenhagens. Diese kurze Frist hatte der Hauptstadt immerhin gereicht, sich notdürftig in den Verteidigungszustand zu versetzen. Statt Kopenhagen im Sturm zu nehmen, begann nun eine mehr als fünf Monate dauernde Belagerung. An diesem Feldzug waren Landgraf Friedrich und sein Regiment von Anfang an beteiligt.

Erst im Oktober drang eine niederländische Hilfsflotte in den Sund ein, die die schwedische Seeblockade durchbrach und den Belagerten dringend benötigten Proviant, Munition, Waffen und niederländische Hilfstruppen brachte. Mitte Dezember rückten dann die verbündeten Truppen Brandenburgs, Österreichs und Polens in Holstein und in Jütland ein, während in den schwedisch besetzten Landesteilen prodänische Aufstände ausbrachen. Die Situation wurde für Karl X. Gustav zunehmend kritisch und seine Belagerungstruppen drohten vom Nachschub abgeschnitten zu werden, während Kopenhagen durch die englische und vor allem niederländische Unterstützung von der See her versorgt werden konnte.

Landgraf Friedrichs Reiterregiment war militärisch gesehen für den Belagerungskrieg eigentlich von nicht allzu großem Nutzen. Zunächst scheint es daher im Hinterland gelegen und den Schweden großflächig den Rücken freigehalten gehalten zu haben. Erst als der schwedische Druck auf Kopenhagen zum Jahresende hin erhöht wurde, kamen die Homburger Soldaten auch in der Belagerung selbst verstärkt zum Einsatz. Mehrfach entging Friedrich dabei nur knapp dem Tod. Nicht nur sein Kammerdiener Bocksen berichtete von diesen Ereignissen, auch das „Theatrum Europaeum" des Frankfurter Verlegers und Kupferstechers Matthäus Merian schildert ausführlich die Vorgänge im Umfeld der Belagerung Kopenhagens: Das erste Mal traf den Landgrafen eine Musketenkugel auf der Brust. Das weiche Blei der Kugel wurde allerdings durch die Schärpe und das darunter steckende Taschentuch aufgehalten. Seine Offiziere dachten jedoch wieder einmal, der Landgraf sei tot. Als man ihm aber das Wams aufschnitt, fiel die Kugel heraus und er hatte lediglich eine große schmerzhafte Beule auf der Brust davongetragen.

Am 19. Januar sollte es ihn schließlich ungleich schwerer treffen. Die Schweden versuchten zum wiederholten Male über das Eis zu gehen und wollten die kleine Insel Amager gegenüber der weniger befestigten Seeseite Kopenhagens in ihren Besitz bringen. Die Dänen begegneten diesem Angriff mit einem Ausfall. Indes griff sie namentlich der Homburger mit solcher Verve an, dass sie sich unter die Geschütze der Stadtbefestigung zurückziehen mussten. Das „Theatrum Europaeum" berichtet 1693 über den weiteren Verlauf: „dessen ohne Ansicht kam deß Herrn Landgrafen von Homburg Fürstl. Gn.[aden] mit einem starcken Trupp recht unter die Stück [= Geschütze] und gieng etliche mahl auff die Dänische loß, mit solcher Courage, daß sich jedermann darüber verwundern musste. Dieses Gefecht währte bey anderthalb Stunden, drey Pferde wurden ihme, dem Herrn Landgrafen, unter dem Leib durch die Canonal erschossen, auch kamen Se.[ine] Fürst. Durchl.[aucht] selbsten dadurch umb ein Bein und benebens dero wurden 6 Officirer gequetscht, zween blieben todt auff dem Platz, sampt zwanzig gemeinen Reutern und vielen Pferden." Den genauen Hergang des Geschehens und vor allem die militärische Sinnhaftigkeit dieses Gefechtes im Nachhinein zu beurteilen, ist freilich kaum möglich. Sich mit einem Trupp Reiter bis in das Verteidigungssystem einer Festung und damit in unmittelbare Reichweite der feindlichen Artillerie zu begeben – Becksen berichtet, dass Homburg die Gegner bis in die „Conterscherf", also wohl die Contreescarpe, verfolgt hatte –, kann nur als tollkühn bezeichnet werden. Hier, so Becksen weiter, wurde „das Pferd [des Landgrafen] durch und durch geschossen, und starb also auf Ihro Durchlaucht Leibe. Ihr Schenkel war abgeschossen, er hing aber noch an der großen Sehne; ließen sich ein Messer geben, schnitten den Schenkel selber ab, und hatten sich so sehr verblutet, daß auch ein Arjedant [= Adjutant] gerennet kam und brachte ein Glas mit Schlagwasser." Das Schlagwasser (Aqua Apoplectica), ein Hausmittel gegen Kreislauf- und Herzschwäche, das aus Wein und dem Tau an der Blüte eines (giftigen) Maiglöckchens bereitet wurde, wirkte überraschend gut und der Landgraf wurde unter dem feindlichen Geschützfeuer auf einem Schlitten zurück ins Quartier gebracht. Dort eilte sofort der schwedische König herbei und versprach dem Landgrafen für seine treuen Dienste eine angemessene Versorgung. „Im übrigen wurd' an Doktor und Balbierer nicht gesäumet, aber Seine Durchlaucht mussten große Schmerzen ausstehen wegen der vielen Splitter, so noch im Fleisch steckten." Tatsächlich wurde Friedrich durch König Karl X. Gustav vier Tage später zum Generalmajor der schwedischen Kavallerie befördert und erhielt die Zusage über eine lebenslängliche Pension in Höhe von immerhin 2.000 Reichstalern jährlich.

Friedrich hatte das rechte, also das seit seinem Sturz als Jugendlicher in Homburg ohnehin versteifte Bein verloren. An eine Fortsetzung seiner Militärlaufbahn war in seinem Zustand zunächst nicht mehr zu denken. Bis seine Transportfähigkeit wiederhergestellt war, hielt sich Friedrich im Lager der schwedischen Armee auf. Nachdem die Belagerung nach dem desaströs gescheiterten Hauptsturm auf Kopenhagen in der Nacht vom 9./10. Februar abgebrochen werden musste, verteilten sich die schwedischen Truppen weiträumig auf Seeland. Hier blieb auch das Regiment des Landgrafen, dessen Kommando Oberst Hans Matz von Lebell (auch Johann von Löbell) übernahm, bis zum Ende des Krieges im darauf folgenden Jahr stationiert. Im Juli 1660 wurde die deutsche Reiterei unter der schwedischen Fahne schließlich aufgelöst und nach Deutschland überführt.

Die Genesung Friedrichs bereitete offensichtlich erhebliche Probleme und verlief nicht ohne Komplikationen. Im April 1659 ließ er sich vom brandenburgischen Kurfürsten in dessen Hauptquartier in Jütland einen Reisepass ausstellen und wollte zur völligen Heilung nach Homburg zurückreisen. Sein Gesundheitszustand und wohl auch die fortwährenden Kampfhandlungen hielten ihn indes weiter in Dänemark fest. Erst als im September die Holländer eine Fregatte zur Verfügung stellten und Karl X. Gustav seinen Rat und Chefunterhändler Cojet damit nach Den Haag schickte, um die Niederländer aus der gegnerischen Front zu brechen, bot sich auch für Friedrich eine Reisemöglichkeit. Er schloss sich also der schwedischen Gesandtschaft an und schiffte sich nach Holland ein. Die Schiffsreise verlief jedoch wenig glücklich. Das Schiff geriet während eines Sturmes in Seenot, lief in der Nähe der kleinen Insel Anholt mitten im Kattegatt auf einer Klippe oder Sandbank auf und drohte auseinanderzubrechen, zumindest war es manövrierunfähig. Der Kommandeur – vielleicht aus Sorge ums eigene Überleben, vielleicht um die junge „Landratte“ zu ängstigen – wies auf die zahlreichen Seehunde hin, die das Schiff umkreisten, und sagte zu Friedrich, dies sei wohl ihr Kirchhof. Der beherzte Friedrich ließ sich daraufhin eine Büchse geben und schoss in barocker Jagdleidenschaft zahlreiche dieser Tiere ab und erwiderte: „Sie sollen nicht alle von uns fressen!“ Das erste Schiff, das sie entdeckte, war ebenfalls ein holländisches. Allerdings nahm es die Schiffbrüchigen nicht auf und drehte, obwohl der Kommandeur mit zwei Kanonen Notsignal gefeuert hatte, wieder ab. Erst am folgenden Tag, dem dritten nach der Havarie, legte sich ein hamburgisches Schiff längsseits. Als man den vornehmen Passagier von dem Havaristen evakuieren wollte, schleuderten die Wellen das Rettungsboot mit solcher Kraft gegen die Bordwand, dass dieses zerbrach und sank. Der Landgraf wurde zwar mit einem Seil aus dem Meer gezogen, seine Schatulle mit „vielen Pretiosen und große Obligation“ sowie vor allem die Dokumente über seine schwedischen Kriegsdienste gingen allerdings verloren.

Auf diese Weise nur mit knapper Not vor dem Ertrinken gerettet, kehrte Friedrich zunächst nach Helsingborg am Sund und dann nach Stockholm zurück. Ende Oktober machte er sich dann doch auf den Heimweg, allerdings nicht zur See – eigentlich die bequemere Reiseart, wenn das Schiff nicht gerade auf eine Sandbank auflief –, sondern auf dem strapaziösen Landweg durch Dänemark. Noch befanden sich Dänemark und Schweden im Kriegszustand, aber Friedrich hatte als abgedankter und invalider Offizier hier wenig zu befürchten und verfügte zudem über einen dänischen Reisepass. Dieses Dokument vom 21. Oktober liefert auch eine aufschlussreiche Beschreibung seiner gesamten Reisegesellschaft. Neben dem Stallmeister und seinem Knecht befanden sich ein namentlich nicht genannter Edelmann mit seinem Knecht, zwei Kammerdiener, drei Pagen, zwei Leibknechte, ein Kanzlist, ein Feldscher, ein Jäger, zwei Trompeter, zwei Kutscher sowie mehrere weitere Knechte darunter, insgesamt 24 Personen mit 29 Pferden.

Die wochenlange Reise in der Kutsche führte zu einer beträchtlichen Verschlechterung des landgräflichen Gesundheitszustandes. Aus Hamburg schrieb er am 20. November an seinen Kasseler Vetter Landgraf Wilhelm VI. (1629–1663): „Vor etzlichen tagen bin ich alhir aus Seelandt angekommen, werde mich wegen meines empfangenen Schusses föllig zu curiren, noch ein Woche etzliche alhie aufhalten [und] wann ich dann weiß, daß ich E[uer] F[ürstliche] G[naden] nicht incomodire" nach Kassel kommen. Zu allem Überfluss drang unterwegs ein „Stock in die Kalesche […] und kam justament in Ihrem schlimmen Schenkel und war fast fingersdick ins Fleisch gegangen". Wahrscheinlich war bei der Fahrt durch einen Wald ein Ast durch die offene Seitenwand der Kutsche eingedrungen. Die kaum verheilte Wunde entzündete sich daraufhin und Friedrich klagte über zunehmende Schmerzen. Die Gefahr, das Bein gänzlich durch Amputation oder gar das Leben zu verlieren, wurde damit größer.

In Homburg angekommen, hörte Friedrich von einem gut beleumundeten Barbier in Oppenheim am Rhein, zu dem er sich unverzüglich begab. Der Barbier stellte fest, dass sich an dem Bein schon „der kalte Brand" ausgebreitet habe. Damit war wohl eine Gangrän, also die Schwarzverfärbung nekrotischen Gewebes, gemeint. Der Barbier machte daraufhin einen Umschlag mit Salben, der dem Landgrafen immense Schmerzen verursachte. Diese hielten ihn aber nicht davon ab, zurück nach Homburg zu reiten. Als der dortige Barbier dann den Verband löste, fiel das tote Fleisch ab und die Wunde verheilte endlich ohne weitere Schwierigkeiten. Dank seiner gesunden Gesamtkonstitution genas der Landgraf nun rasch und ließ sich wahrscheinlich vom damaligen Homburger Hofhandwerker Berthold ein Holzbein drechseln. Die Prothese mit dem Federmechanismus, die sogar das Abrollen des Fußes ermöglichte und dem Landgrafen seinen Beinamen „mit dem silbernen Bein" einbrachte, wurde allerdings erst 1674 vom Homburger Hofbaumeister Paul

Die von Paul Andrich für Landgraf Friedrich gefertigte Beinprothese.

Andrich (um 1640–1711) angefertigt. Gerade 26 Jahre alt saß also der junge Krieger Friedrich als Invalide im elterlichen Schloss in Homburg, in dem die resolute Mutter, Landgräfin-Witwe Margarete Elisabeth, wohl nicht nur den Haushalt führte, während der ältere Bruder Wilhelm Christof von seiner Residenz in Bingenheim aus das kleine Ländchen regierte.

Auf dem skandinavischen Kriegsschauplatz hatte sich indes das Blatt endgültig gegen den schwedischen König gewendet. Eine Annäherung an die Niederlande war gescheitert. Am 24. November 1659 erlitt das Heer Karls X. Gustav schließlich bei Nyborg an der Ostküste der Insel Fünen die entscheidende Niederlage gegen die Dänen, die hier mit brandenburgischer und niederländischer Unterstützung kämpften. Im Laufe des Winters bot Karl X. Gustav dem Landgrafen wiederholt die Rückkehr nach Schweden an, sein Regiment stand ja nach wie vor auf Seeland. Mit dem Jahreswechsel machte sich jedoch zunehmend eine Kriegsmüdigkeit breit und der innenpolitische Druck auf den schwedischen König nahm zu. Der Reichstag verweigerte dem König weitere Mittel zur Fortsetzung des Krieges. Bereits im Dezember hatten die Kriegsparteien in dem alten Kloster Oliva Friedensgespräche aufgenommen. Der plötzliche Tod des schwedischen Königs am 22. Februar 1660 in Göteborg war für das Fortkommen in diesen Verhandlungen nach dem Urteil Ernst Opgenoorths „mehr Gewinn als Verlust. [...] Es galt einzulenken; das war für Schweden ohne ihn leichter". Am 3. Mai 1660 konnte der Friedensvertrag unterzeichnet werden.

Die schwedische Königskrone erbte der gerade vierjährige Karl XI. (1655–1697). Da er noch minderjährig war, übten seine Mutter und die fünf höchsten Staatsbeamten die Regierung aus, darunter vor allem Magnus Gabriel Graf de la Gardie (1622–1686). Zu Recht fürchtete Friedrich von Homburg nun um seine künftige Versorgung. Sein Regiment wurde zunächst in das schwedische Heer einbezogen, im Sommer aber abgedankt und nach Deutschland zurückgeschickt, offensichtlich ohne dass man seinen Inhaber, also gewissermaßen seinen „Geschäftsführer", eben den Landgrafen, davon informiert hätte. In seinem daraufhin verfassten Beschwerdeschreiben an die schwedische Regentschaft spricht daher auch weniger der Militär, sondern ganz der Geschäftsmann aus Landgraf Friedrich, wenn er darauf verweist, „daß sowohl bei währenden Kriegs- als etwa Friedenszeiten ich jedes Mal stehend verbleiben und meine Dienste wirklich genießen sollte, wodurch ich bewogen, andere mir von anderen Parteien angebotene ansehnliche conditiones fahren zu lassen". Freilich hatten auch die „anderen Parteien" nach dem Friedensschluss keinen Bedarf mehr an einem Reiterregiment. Ob Friedrich während des Krieges tatsächlich andere Angebote ausgeschlagen hatte oder ob dies nur eine Verhandlungsstrategie war, ist ungewiss. Ebenso wenig gibt es gesicherte Belege für eine ihm angeblich vom schwedischen König für seine Dienste versprochene Statthalterschaft in Livland. Eine solche Versorgung verdienter schwedischer Heerführer mit dergleichen lukrativen Statthalterschaften und Gouverneursposten war durchaus üblich, wie die Beispiele der beiden weiter oben erwähnten Wrangel in Schwedisch-Pommern und Königsmarck in Verden und Bremen zeigen, freilich war dies eine Liga, in die der junge Friedrich noch nicht vorgedrungen war. Dies sollte ihm militärisch auch nicht gelingen, doch heiratete er wenig später gewissermaßen in das Netzwerk der führenden schwedischen Adels- und Militärfamilien ein.

Ende 1660 oder Anfang 1661 kehrte Friedrich Homburg den Rücken und machte sich auf den Weg nach Stockholm, um hier seine Interessen vor Ort besser vertreten zu können. Wie und mit wem er in Verhandlungen trat, ist unbekannt. Da er mit vielen führenden Köpfen in Stockholm von den Kriegszügen her bekannt war – unter anderem mit dem alten Königsmarck und mit Carl Gustav von Wrangel, der jetzt im Regentschaftsrat für den minderjährigen König saß –, darf man annehmen, dass sich Friedrich in den ersten Kreisen am Hof bewegte. Ihm dürfte allerdings rasch die finanziell mehr als angespannte Lage der schwedischen Staatskasse klar geworden sein, und damit gleichzeitig, wie wenig aussichtsreich sein Unterfangen war, in Stockholm ein angemessenes Auskommen zu finden. Wahrscheinlich am Königshof lernte er aber Margarete Brahe (1603–1669) kennen. Diese Frau galt durchaus als eine begehrte Partie, nicht aufgrund der Erinnerung an ihre einstige attraktive Erscheinung, sondern wegen ihrer familiären Verbindungen und vor allem ihres für damalige Verhältnisse enormen Erbes. Sie wurde 1603 als Tochter des Reichsrates Abraham Brahe (1569–1630) auf dem Familiensitz Rydboholm geboren. In erster Ehe war sie mit Bengt Oxenstierna (1591–1643) und danach mit Johann Oxenstierna (1611–1657), dem Sohn von Axel Oxenstierna, dem großen Reichskanzler Gustav Adolfs, vermählt. Die Mutter des erwähnten Vorsitzenden des Regentschaftsrates, de la Gardie, war ihre Cousine. Verwandtschaftsbeziehungen zu den meisten anderen damals führenden Familien – den Königsmarcks, Stenbocks, Wrangels etc. – bestanden ebenfalls. Die Vermutung liegt nahe, dass Friedrich unter den Militärführern nicht wenige Fürsprecher bei seiner Auserwählten fand und man ihn auf diesem Weg von schwedischer Seite auch versorgt und für seine geleisteten Dienste abgefunden wissen wollte.

Im Vorfeld der Hochzeit, die am 12. Mai 1661 im königlichen Schloss in Stockholm stattfinden sollte, kam es allerdings noch zu Turbulenzen, die einer gewissen, fast schon an eine Opera buffa erinnernden Komik nicht entbehrten und auch noch in Hessen ein Nachspiel haben sollten. Friedrich war nämlich nicht der einzige Bewerber um die Hand der reichen Witwe. Der reformierte Graf Ludwig Heinrich von Nassau-Dillenburg (1594–1662) hatte bereits im Jahr zuvor schriftlich um die Hand der Margarete von Brahe geworben. Ludwig Heinrich hatte seit 1631 unter Gustav Adolf auf schwedischer Seite gekämpft, sich aber später auf die Seite des Kaisers geschlagen, wofür er 1652 in den Fürstenstand erhoben worden war. Es ist nicht ohne Ironie, dass er gleichsam ein Nachbar von Friedrich von Hessen-Homburg war. Sein Kernterritorium um Dillenburg lag zwar gut 60 Kilometer nordwestlich von Homburg, das von ihm gemeinsam mit Kurtrier verwaltete Amt Wehrheim grenzte indes direkt an Hessen-Homburg. Der 63-jährige Graf war bereits dreimal verwitwet, von Katharina von Sayn-Wittgenstein (1588–1651), Elisabeth Wild- und Rheingräfin (1593–1656) und Sophie Magdalene von Nassau-Hadamar (1622–1658). Bis auf einen kleinen Jungen aus seiner letzten Ehe hatte er zahlreiche erwachsene Kinder aus der ersten Ehe, während die zweite kinderlos geblieben war. Gesucht wurde also ganz sicher nicht eine Mutter für seine Kinder, sondern eine Geldquelle für sein vom Dreißigjährigen Krieg verwüstetes Territorium. Margarete Brahe antwortete auf das Werbungsschreiben scheinbar recht ausweichend und wenig eindeutig. Im März 1661 schickte Ludwig Heinrich deshalb eine Gesandtschaft nach Stockholm, um seinem Ansinnen Nachdruck zu verleihen. Hier hatte allerdings schon der junge Friedrich die Gunst Margaretes errungen und der Antrag

Margarete Brahe (1603–1669), seit 1661 erste Ehefrau Landgraf Friedrichs II.

der nassauischen Gesandtschaft wurde wider Erwarten unter verschiedenen Vorwänden abgelehnt. Ludwig Heinrich fühlte sich sowohl in seiner Ehre als Mann wie als regierender Reichsfürst durch diese Zurückweisung zugunsten eines jugendlichen Invaliden und nachgeborenen Sohnes aus einer landgräflichen Nebenlinie mehr als gekränkt. Er ließ daher bald nach der Rückkehr seiner Gesandten eine Schmähschrift drucken, in der „Die untreue Margaretha Brahe / Grävin zu Wisingsburg“ ziemlich übel beschimpft wird und vor allem das angeblich bestehende Verlöbnis mit ihm als ebenso bindend dargestellt wird wie eine Trauung. Folglich seien Friedrich von Homburg und Margarete Brahe Ehebrecher. Der Nassauer Graf zögerte auch nicht, dieses Pasquill mit Briefen voller Beleidigungen gegen Friedrich an dessen Mutter und Bruder nach Homburg bzw. Bingenheim zu schicken. Dementsprechend findet man dieses rund 40 Seiten umfassende Druckwerk noch heute neben der Herzog-August-Bibliothek in Wolfenbüttel auch in den Magazinen der hessischen Staatsarchive in Wiesbaden und Marburg.

Nach seiner Heimkehr nach Homburg reagierte Friedrich und schickte seinen vertrauten Rat Kohlhans nach Stockholm. In einem erbosten Schreiben an den Kasseler Vetter Landgraf Wilhelm VII. bezeichnete Friedrich die Schmähschrift „einem Sauhirten“ würdig, in deren Inhalt sich der „Fürst von Dillenburg [...] mehr als ein schulfüchsiger Pasquillant, als ein genereuser und verständiger Fürst“ erwiesen hätte. In einer beiliegenden gedruckten Entgegnung legte Friedrich dar, dass seine nunmehrige Gattin dem Fürsten keineswegs ein Verlöbnisversprechen geleistet hätte und schon gar nicht, wie der Dillenburger behauptete, die Ehe bereits geschlossen worden wäre. In diesem Fall wäre schließlich auch die nassauische Gesandtschaft zur Brautwerbung nach Stockholm völlig überflüssig gewesen. Zu guter Letzt wirft Friedrich schließlich auch noch mit Schlamm. Margarete sei berichtet worden, dass der Dillenburger Fürst nach dem Tode seiner letzten Gattin trotz seines bereits fortgeschrittenen Alters ein bedenklich leichtfertiges Leben geführt habe, und „dadurch bei Ihro Fürstl. Gnaden gegen die vorhabende Heirat eine solche Aversion entstanden, daß schon lang vor der Ankunft der Abgesandten Diesselbe nimmermehr zu konsentieren, sondern die vermutende Dillenburgische Anwerbung zu refusieren wohlbedachtlich resolviert hatten“. Dieser barocke Federkrieg hätte sich vielleicht noch länger hingezogen, wäre der Nassauer nicht im Sommer 1662 verstorben – ohne nochmals zu heiraten.

Über die acht Ehejahre von Margarete und Friedrich ist wenig bekannt. Ein stellungsloser 28-jähriger Invalide heiratet eine reiche mehr als doppelt so alte Witwe – die Vermutung einer reinen Geldheirat liegt nahe. Indes wird zumindest von keinen großen Konflikten zwischen den beiden berichtet und Affären des Landgrafen sind nicht bekannt, zumindest keine mit erbrechtlichen und damit aktennotorischen Folgen. Dass Margarete ihren jungen

Gatten nach Deutschland begleitete und das Ehepaar auch die meiste Zeit zusammenlebte, darf man wohl als Hinweis auf eine gewisse Harmonie und Zuneigung in der Beziehung verstehen. Vielleicht, ohne psychologisierende Hypothesen aufstellen zu wollen, spielte bei Friedrich auch eine diffuse Sehnsucht nach einer Ersatzmutter eine Rolle, immerhin war Margarete ein Jahr älter als ihre neue Schwiegermutter in Homburg. Andererseits bleibt Margarete Brahe in Becksens Lebensbeschreibung unerwähnt.

Das frisch vermählte Ehepaar hielt sich indes nur kurz in Homburg auf. Seinen Wohnsitz nahm es in Norddeutschland. Das Geld seiner Frau und Apanagenachzahlungen aus Darmstadt erlaubten Friedrich den Erwerb von insgesamt vier großen Gütern im Herrschaftsbereich des Kurfürsten von Brandenburg. Dies waren die Orte bzw. Ämter Weferlingen, ca. zehn Kilometer nördlich, und Hötensleben, ca. zwölf Kilometer südlich von Helmstedt, sowie Winningen, ca. 30 Kilometer südöstlich von Halberstadt und Neustadt an der Dosse, gerade einmal 20 Kilometer nordwestlich von Fehrbellin in der Mittelmark gelegen. Erstere waren Teil der ehemals geistlichen Fürstentümer Magdeburg und Halberstadt, die nach 1648 an Brandenburg gefallen waren. Zwischen 1644 und 1650 hatte sie der schwedische General Hans Christoffer von Königsmarck als Pfandbesitz erworben, der selbst aus einem alten märkischen Adelsgeschlecht stammte. Es scheint naheliegend, dass der Erwerb durch Friedrich bereits in Stockholm verabredet worden war, kannten sich die beiden doch seit Friedrichs erstem Besuch in Schweden, als sie im Hause Königsmarck den erwähnten mysteriösen Giftanschlag überlebten. Bisher wurde immer vermutet, dass Friedrich erst 1661/62 mit dem Kauf dieser Güter in Berührung mit dem Großen Kurfürsten gekommen sei. Indes wurde oben gezeigt, dass er spätestens seit Anfang 1655 Kontakte an die Spree unterhielt, die sich dann über Königsmarck möglicherweise wiederum verstärkten.

Seinen Wohnsitz nahm das Ehepaar in Weferlingen, das der Kurfürst in seiner Geldnot erst 1650 an Königsmarck verpfändet hatte. In einem Bogen des Flusses Aller steht noch heute die Ruine des 1929 ausgebrannten Schlosses. Es handelte sich um eine ansehnliche, aus einer mittelalterlichen Burg hervorgegangene dreiflügelige Renaissanceanlage aus der zweiten Hälfte des 16. Jahrhunderts, die freilich stark verfallen war. Der Landgraf ließ sie herrichten und fügte bis 1671 noch Neu- und Umbauten am Schloss und den Wirtschaftgebäuden hinzu. Das Paar sollte hier die meiste Zeit seiner Ehe verbringen. In Weferlingen sammelte Friedrich nach und nach auch den Kern seines Beamten- und Mitarbeiterstabes, der ihn dann später auch nach Homburg begleiten sollte. An erster Stelle ist hier der Baumeister, Alchimist und Ratgeber Paul Andrich zu nennen, der Architekt des barocken Homburgs. Neben anderen Hofbeamten gehörte auch der reformierte Hofprediger Johann Balthasar Knabenschuh (um 1643–1701) zu dieser Gruppe, der zunächst ab 1671 in Weferlingen wirkte und dann 1681 nach Homburg folgte, wo er bis 1685 als der erste Pfarrer der deutsch-reformierten Stadtgemeinde predigte.

Von dieser Residenz in Weferlingen aus widmete sich Friedrich gänzlich dem Aufbau seiner neuerworbenen, vom Krieg verwüsteten Ländereien. Besonderes Augenmerk richtete er zunächst auf Neustadt an der Dosse in der mit am stärksten betroffenen Mark Brandenburg. Das Amt umfasste etwa 50 Bauernhöfe in den drei umliegenden Dörfern Bückwitz, Köritz und Sieversdorf. Neustadt selbst zählte 1662 gerade einmal sieben Bauernhöfe, eine Schmiede und eine Mühle. Schon zwei Jahre später erwirkte Friedrich von seinem neuen Landesherrn, dem Großen Kurfürsten, die Verleihung der Stadtrechte für diesen Ort, der sich durch den Zuzug von Kolonisten rasch vergrößerte. In späteren Jahren hat Friedrich die Privilegien noch erweitert. Aber erst 1686 verlieh er der Stadt auch ein Stadtwappen, in dem ein Stadttor mit einem Mauerstück und Turm stehen sollte. Vielleicht diente dies als Kompensation für die fehlenden wehrhaften Anlagen, denn Neustadt war und blieb ein offener Ort ohne Mauer und Wall.

In mancherlei Hinsicht übte sich Friedrich in der Mark Brandenburg als Landesvater und viele, in Homburg erst Jahre später gegangene Schritte waren hier schon getan worden. Neben der Ansiedlung von Kolonisten – freilich noch keine Hugenotten – regte er die Errichtung von Manufakturbetrieben an. Als Erstes entstand eine Glashütte, die später als Spiegelfabrik außerhalb des Ortes verlegt wurde. Es folgte ein Eisenhüttenwerk in der Gemarkung von Sieversdorf, wo auch Vorkommen von Raseneisenerz abgebaut wurden. Das in der Hütte gewonnene Roheisen wurde später in einem Hammerwerk zu Schmiedeeisen weiterverarbeitet. Schließlich kam noch eine Ziegelei hinzu. Die hier gebrannten Steine benötigte man für die zahlreichen Neubauten in Neustadt. Ein Sägewerk und eine Papierfabrik rundeten schließlich das gewerbliche Profil des Amtes ab.

Einen heftigen Rückschlag erlitt seine Aufbauarbeit durch einen Brand im Jahre 1666, der die Stadt größtenteils vernichtete. Unverdrossen ging er an den Wiederaufbau und legte 1673 den Grundstein zur Stadtkirche. Nachhaltige Bedeutung hatte die unter seiner Ägide durchgeführte Regulierung der Dosse. Auf den dadurch gewonnenen Wiesen legte er ein Gestüt an, an das wiederum der preußische König Friedrich Wilhelm II. (1744–1797) 1788 anknüpfte, der hier das noch heute bestehende Brandenburgische Haupt- und Landgestüt gründete. Erst 1694 trennte sich der Landgraf von diesem Besitz. Er lag ihm zu weit von seinen übrigen drei Ämtern im Halberstädtischen entfernt und so tauschte er mit Kurfürst Friedrich III. (1657–1713) Neustadt gegen Oebisfelde, zehn Kilometer nördlich von Weferlingen gelegen.

Als gegen Ende seines Lebens das Reisen für ihn mühsamer wurde und der Aufbau der kleinen Landgrafschaft am Taunus ihn voll ausfüllte, ließ er

Neustadt a.d. Dosse, Gedenkstein mit dem Wappen Landgraf Friedrichs II. zur Stadtrechtsverleihung am 24. August 1664 durch Kurfürst Friedrich Wilhelm von Brandenburg.

sich im Jahre 1701 von dem zum König in Preußen aufgestiegenen Kurfürsten Friedrich die Pfandsumme ausbezahlen und Weferlingen ging wieder in dessen Besitz über. Die anderen Ämter, Oebisfelde und Hötensleben, blieben bis 1866 in hessen-homburgischem und dann bis 1913 bzw. 1918 in darmstädtischem Besitz.

Am 15. Mai 1669 verstarb Margarete von Brahe in Weferlingen. Die Ehejahre mit ihr waren für den Landgrafen neben der Sorge um den erworbenen Grundbesitz durch eine langsame Verlagerung seines Beziehungsnetzwerkes von Schweden nach Brandenburg gekennzeichnet. Besonders die unbefriedigten Geldforderungen des Landgrafen an die schwedische Krone hatten die Verbindungen nach Stockholm anhaltend belastet. Als Neustadt 1666 abgebrannt war, nahm Friedrich einen erneuten Anlauf, um seine ausstehenden Forderungen an Schweden einzuziehen. Er argumentierte, die Kosten zur Anwerbung seines ersten Regimentes in schwedischen Diensten im Jahre 1655 hätte er weitgehend aus eigener Tasche bezahlt, ohne dass er dafür jemals angemessen entschädigt worden wäre. Schließlich habe er im Dienste Karls X. Gustav „seine zeitliche Gesundheit“ verloren und mit diesen Truppenwerbungen den Unwillen des Kaisers auf sich gezogen. In einem Schreiben an seinen alten Vorgesetzten Stenbock aus dem Jahre 1666 bat er um Unterstützung für seine Forderungen. Freilich fehlte ihm beweiskräftiges Material, mit dem er seinen Ansprüchen hätte Nachdruck verleihen können, denn bei dem Schiffbruch im Kattegatt waren die gesamten Regimentsabrechnungen verloren gegangen. Nicht ohne Stolz erinnerte Friedrich in seinem Schreiben an Stenbock, „was E.[uer] E.[xzellenz] und sonst allen rechtschaffenen Kavalieren von der Armada wissend und auch sans vanité genugsam bekannt ist, was mein Regiment vor Dienste gethan“ hat. Damit appellierte er natürlich auch an Stenbocks militärische Ehre, die er gegen die knauserigen Verwaltungsbeamten der königlichen Kasse auszuspielen suchte. Stenbock sandte im Oktober 1666 zwar tatsächlich ein „Dienstzeugnis“, in dem er die guten Dienste des Regimentes Hessen-Homburg hervorhob und auch auf den Schiffbruch von 1659 verwies. Genützt hat das alles nichts, denn noch anlässlich der Friedensverhandlungen mit Schweden im Jahre 1678 bat Friedrich seinen neuen Dienstherrn, den Großen Kurfürsten, die Rückzahlung der 32.000 Reichstaler zu verlangen, die er im polnischen Krieg für seine schwedischen Werbungen vorgeschossen habe – soweit bekannt, ohne Erfolg.

Schließlich dürften die Streitereien mit der schwedischen Verwandtschaft nach der Eröffnung des Testaments von Margarete Brahe eine weitere Distanzierung gefördert haben. Margarete hatte nämlich ihren jungen Mann zum Universalerben eingesetzt. Lediglich ihr Haus in Stockholm und zwei Landgüter vermachte sie ihren nächsten Verwandten und der Familie Oxenstierna. Adolf Johann (1629–1689) von Pfalz-Kleeburg, ein Bruder des schwedischen Königs, erhob Ansprüche auf einen Teil des Erbes, da er mit einer Nichte von Margarete verheiratet war. Er konnte sich mit diesen Forderungen allerdings nicht durchsetzen.

V. Aufstieg – brandenburgische Kriegsdienste und kurländische Ehe

Als Margarete von Brahe am 15. Mai 1669 verstorben war, hielt Friedrich nur noch wenig in Weferlingen. Bemerkenswerterweise veranlasste er die Bestattung seiner Frau nicht, wie früher angenommen, in Weferlingen, sondern bereits in der alten Familiengruft in Homburg. Dies geschah im Übrigen gegen den testamentarischen Willen Margaretes, die verfügt hatte, neben ihren beiden ersten Gemahlen in der Kirche zu Jäder in Södermanland bestattet zu werden, „allwo derselben uraltes Stammhaus Fyholm gegründet ist und auch unseres letzten Herrn Gemahls Herr Vater, des Reiches Schweden Großcanzler Graf Axel Oxenstierna […] gleichfalls ruhet." Offensichtlich war dem Landgrafen die vornehme Leiche seiner Frau wichtig genug, ihren letzten Willen zu missachten und mit ihrer Beisetzung in Homburg ein deutliches Zeichen zu setzen. Die feierliche Beisetzung fand erst am 5. August 1669 statt, wahrscheinlich wurde die Zeit bis dahin zur Organisation des solennen Zeremoniells benötigt. Damals hielt sich Friedrich bei seinem Bruder in dessen Residenz in Bingenheim auf. Die wirklich hochkarätige Verwandtschaft blieb der Beisetzung allerdings fern bzw. ließ sich vertreten. Die Kasseler schickten den Hofmarschall und Festungskommandanten Jakob von Hoff. Der Darmstädter Vetter Ludwig VI. (1630–1678) ließ sich auf der Trauerfeier durch seinen Rat und Marschall Moritz von Hertingshausen (1613–1678) zwar ebenfalls vertreten, sah allerdings nun die Chance gekommen, den Homburger mit einer neuen, von ihm vermittelten Ehe wieder enger an den Darmstädter Familienzweig zu binden. Bereits unmittelbar nach dem Tod Margaretes begann er Verhandlungen über eine Verlobung des Homburgers mit der Herzogstochter Magdalena Sybille von Sachsen-Weißenfels (1648–1681). Ob Ludwig dabei mit einem Mandat Friedrichs auftrat, ist nicht gesichert und wohl eher in Zweifel zu ziehen. Landgraf Ludwig, selbst Sohn einer sächsischen Prinzessin, hoffte wahrscheinlich mit einer solchen Eheverbindung, den konfessionell als indifferent eingeschätzten Vetter durch die Einheirat in eine streng lutherische Familie auf die eigene Linie zu bringen und dem Einfluss der reformierten Verwandtschaft in Kassel zu entziehen.

Doch die Rechnung ging nicht auf. Noch während Ludwig im August und September in Gotha verhandelte, begab sich Friedrich nach Kassel und erwartete dort die Rückkehr der Landgrafenwitwe und Regentin Hedwig

Sophie (1623–1683) aus Berlin. Die jüngere Schwester des Großen Kurfürsten hatte sich hier um eine Eheanbahnung in ganz anderer Richtung bemüht. Als Braut war eine Nichte Hedwig Sophies und des Großen Kurfürsten vorgesehen. Die 24-jährige Louise Elisabeth von Kurland (1646–1690) war eine Tochter des Herzogs Jakob von Kurland (1610–1682) und der Luise Charlotte von Brandenburg (1617–1676), der älteren Schwester des Großen Kurfürsten, der persönlich die weiteren Eheverhandlungen übernahm. Zeitgleich hatte man auch schon die Verlobung zwischen dem unmündigen Sohn Hedwig Sophies, Wilhelm VII. (1651–1670), und einer weiteren Tochter des kurländischen Herzogpaares, Marie Amalie (1653–1711), verabredet. Die Weißenfelser Braut bzw. deren Familie hatten anscheinend ebenfalls „mehrere Eisen im Feuer" und bereits am 14. November heiratete sie Friedrich I. von Sachsen-Gotha-Altenburg (1646–1691).

Die Verhandlungen zwischen Mitau, der kurländischen Residenz, und dem Homburger via Berlin und Kassel zogen sich indes noch etwas länger hin. Der übliche Ehevertrag wurde im Wesentlichen zwischen dem Landgrafen und dem Großen Kurfürsten ausgehandelt. Neben den Finanz- und Versorgungsbestimmungen spielte die Konfessionsfrage in einer Mischehe naturgemäß eine bedeutende Rolle. Bei der Klärung dieser Fragen wird ein recht vertrauensvolles Verhältnis zwischen den beiden Verhandlungspartnern greifbar. Offensichtlich trug sich Friedrich schon länger mit dem Gedanken eines Konfessionswechsels und zog den Kurfürsten bei seinen Überlegungen in das Vertrauen. Dieser schrieb dann seinerseits in dieser Angelegenheit einen entsprechend beruhigenden Brief an seine Schwester nach Mitau. Darin gab er an, dass Friedrich der reformierten Kirche schon seit längerem näher stehe als der lutherischen und versicherte der Brautmutter, dass „er gute Inclination [= Neigung] zu unserer Religion hatt, wegen seiner Brüder halber muß er es sich noch nicht merken lassen. Er bittet, daß in der Heurathsverschreibung solches ausgelassen werden möge, erbeudt [= erbietet] sich aber dafür, einen Revers unter seiner Handt und Siegel zu geben, [...]." Da nur noch sein älterer Bruder Wilhelm Christof der lutherischen Kirche angehörte und der zu dieser Zeit regierende Georg Christian schon fast zwanzig Jahre zuvor zum Katholizismus übergetreten war, liegt die Vermutung nahe, dass hier keine Rücksichtnahme gegenüber den Brüdern, sondern vielmehr gegenüber den strikt lutherischen Vettern in Darmstadt entscheidend war, die vermutlich über das Scheitern ihrer sächsischen Ehepläne für Friedrich verärgert waren. Schließlich wurde mit dem Konfessionswechsel auch eine Annäherung des Homburgers an die verfeindete Kasseler Linie manifest, die sich seit Jahren entwickelt hatte, während man mit Darmstadt wegen der Apanagezahlungen und anderem zunehmend im Dauerstreit lag.

Wie dem auch sei. Anlässlich einer ernsthaften Krankheit, die ihn in Weferlingen aufs Lager gestreckt hatte, trat der Landgraf insgeheim bereits

Luise Elisabeth von Kurland (1646–1690), die „Engels Dicke", seit 1670 zweite Ehefrau Landgraf Friedrichs II.

vor der Hochzeit zur reformierten Kirche über. Wenn man der glaubhaften Tagebucheintragung des Pastors W. Chr. Köhler (Colerus) folgt, hatte Hedwig Sophie auf Bitten des Landgrafen damals ihren Hofprediger nach Weferlingen entsandt und den Übertritt Friedrichs begleitet. Gemäß der Absprache mit dem Großen Kurfürsten wurde der Schein zunächst jedoch noch gewahrt und in dem mehr oder weniger öffentlichen Heiratsvertrag der Braut ausdrücklich versichert, dass man sie zu „einiger Veränderung sothaner I.[hrer] L.[iebden] Religion durchaus nicht nötigen, sondern sowohl I.[hrer] L.[iebden] als Dero Bediente, so der Religion etwan zugethan sein möchten, bei deren freien exercitio [= Ausübung] gänzlich unbehindert bleiben, Ihr auch zu dem Behuf Ihren eigenen derselben Religion zugethanen Hofprediger zu halten unweigerlich gestatten und in unserer Residenz ein hierzu bequemes Gemach einräumen lassen wollen." Und schließlich, für die dynastischen Erbfragen nicht ohne Belang, wurde bestimmt, dass die „Söhne in Unserer evangelischen Religion auferzogen werden, die Töchter aber der mütterlichen Religion und education untergeben bleiben" sollen.

Die Hochzeit fand am 23. Oktober 1670 statt und wurde bemerkenswerterweise nicht vom Brautvater, sondern ebenfalls vom Brautonkel im kurfürstlichen Schloss in Berlin ausgerichtet. Das junge Brautpaar hielt sich zunächst noch längere Zeit in Berlin und anschließend auch in Kassel auf, bevor es sich in Weferlingen niederließ. Es dürfte daher weder ein Zufall gewesen sein, dass die Kasseler Regentin Hedwig Sophie noch für einige Monate mit dem Brautpaar in Berlin weilte, noch dass die Verwandtschaft aus Darmstadt den Hochzeitfeierlichkeiten fern blieb. Auch in den folgenden Jahren gestalteten sich die Verbindungen zwischen Homburg und Kassel recht eng. Als der Landgraf im Mai 1672 mit der Werbung eines Reiterregimentes für den Großen Kurfürsten beschäftigt war, reiste die Landgräfin zu ihrer Tante nach Kassel und brachte hier am 17. Juni das erste Kind, Charlotte (1672–1738), zur Welt, dem im Laufe der Jahre noch elf weitere folgen sollten.

Überschattet wurden die Hochzeitsfeierlichkeiten in Berlin von der Nachricht des Todes von Landgraf Wilhelm VII. von Hessen-Kassel, der gerade 20-jährig auf seiner Kavalierstour in Paris plötzlich verstorben war. Seine Verlobte, die oben erwähnte Schwägerin des Homburgers, Marie Amalie von Kurland, sollte drei Jahre später seinen jüngeren Bruder Landgraf Karl (1654–1730) heiraten. In dieses reformierte Familiennetzwerk war Friedrich nun fest eingebunden (siehe Verwandtschaftstafel im Anhang). „Glaubenswechsel, Heirat und dynastische Verbindungen sicherten nun die Stellung Landgraf Friedrichs gegenüber der älteren Darmstädter Linie ab, und sie sicherten auch sein berufliches Fortkommen", so Jürgen Rainer Wolf.

Die Gründe für das Engagement des Großen Kurfürsten in der Eheanbahnung zwischen Friedrich und Louise Elisabeth liegen auf der Hand. Er wollte sich damit die Dienste und die Loyalität des Landgrafen sichern, der auf entsprechende Angebote nur allzu gerne einging. Es wurde bereits erwähnt, dass der Homburger spätestens seit Anfang 1655 Kontakte an die Spree unterhielt. Als er dann 1661/62 die Güter von Hans Christoffer von Königsmarck übernahm und von dem Großen Kurfürsten damit auch förmlich belehnt wurde, gab er in einem Schreiben nach Berlin seinem Wunsch Ausdruck, dem Kurfürsten auch in Zukunft noch „getreueste Dienste" leisten zu können. Über die Jahre lernten sich der Homburger und der Große Kurfürst wohl näher kennen und Friedrich Wilhelm schätzte besonders die Tatkraft und die Aufbauleistung des Landgrafen.

Noch während des Aufenthaltes nach den Hochzeitsfeierlichkeiten in Berlin erhielt Friedrich von Homburg am 9. Dezember 1670 sein Patent als General der brandenburgischen Kavallerie mit einer jährlichen Pension von 2.000 Reichstalern in Friedenszeiten und mit entsprechenden Zuschlägen im Kriegsfall. Letzterer sollte nicht lange auf sich warten lassen. Bereits mit der Besetzung Lothringens im Sommer 1670 machte der französische König Ludwig XIV. deutlich, dass er nicht bereit war, sich mit dem mächtepolitischen Status quo nach dem Aachener Frieden von 1668 zufriedenzugeben. Der Große Kurfürst stellte sich im Mai 1672 mit dem Abschluss eines Subsidienvertrages auf die Seite der Niederländer, den mutmaßlichen Hauptgegnern Frankreichs im nächsten Waffengang. Nicht ganz zu Unrecht befürchtete er eine Bedrohung seiner Besitzungen am Niederrhein durch das französische Hegemonialstreben und eine Bedrohung für den europäischen Protestantismus durch das katholische Frankreich. In dem Vertrag sicherte der Große Kurfürst den Niederländern im Falle eines Angriffs 20.000 Mann Unterstützung zu, für die freilich weitgehend die Amsterdamer Kaufleute bezahlen sollten. Bereits am 2. Mai erhielt Friedrich von Homburg die Order zur Aufstellung eines neuen Kavallerieregiments mit sechs Kompanien zu je 86 Mann, also insgesamt gut 500 Mann. Die angeworbenen Reiter wurden zunächst in kleineren Gruppen auf verschiedene Städte in der Altmark verteilt, der Regimentsstab bezog sein Hauptquartier in Stendal. Am 17. August rückte das Regiment dann geschlossen zum Sammelplatz der Armee bei Halberstadt und von dort nach Westen. Die Kabinettspolitik sah allerdings dieses Mal keinen neuen militärischen Großeinsatz vor und die Truppen zogen zwischen Rhein, Main und Weser hin und her, ohne dass es zu größeren Kampfhandlungen gekommen wäre. Im Grunde war ihre Aufgabe die Bindung französischer Truppen, um die Niederländer an deren Südfront zu entlasten.

Es zeugt zwar vom großen Vertrauen des Kurfürsten in die Fähigkeiten des Landgrafen, wenn er ihn nicht mit den Truppen in den Westen des Reiches schickte, sondern ihm stattdessen eine diplomatische Mission zum Administrator des Stiftes Magdeburg, August von Sachsen-Weißenfels (1614–1680), nach Halle auftrug. Aber solch ein Auftrag dürfte kaum den

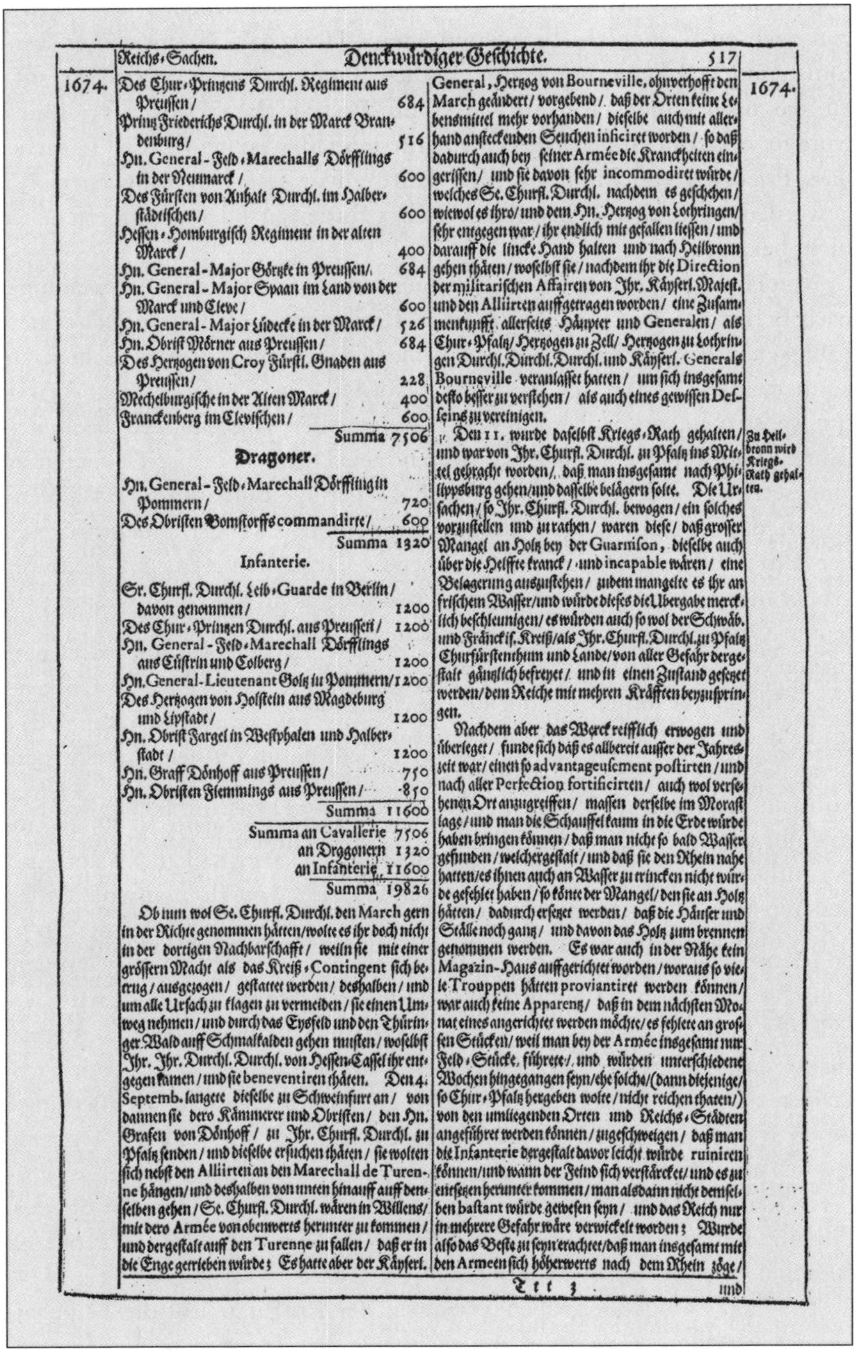

Reichs-Sachen. Denckwürdiger Geschichte. 517

1674.

Des Chur-Printzens Durchl. Regiment aus Preussen /	684
Printz Friederichs Durchl. in der Marck Brandenburg /	516
Hn. General-Feld-Marechalls Dörfflings in der Neumarck /	600
Des Fürsten von Anhalt Durchl. im Halberstädtischen /	600
Hessen-Homburgisch Regiment in der alten Marck /	400
Hn. General-Major Görtzke in Preussen /	684
Hn. General-Major Spaan im Land von der Marck und Cleve /	600
Hn. General-Major Lüdecke in der Marck /	526
Hn. Obrist Mörner aus Preussen /	684
Des Hertzogen von Croy Fürstl. Gnaden aus Preussen /	228
Mechelburgische in der Alten Marck /	400
Franckenberg im Clevischen /	600
Summa	7506
Dragoner.	
Hn. General-Feld-Marechall Dörffling in Pommern /	720
Des Obristen Bomstorffs commandirte /	600
Summa	1320
Infanterie.	
Sr. Churfl. Durchl. Leib-Guarde in Berlin / davon genommen /	1200
Des Chur-Printzen Durchl. aus Preussen /	1200
Hn. General-Feld-Marechall Dörfflings aus Cüstrin und Colberg /	1200
Hn. General-Lieutenant Goltz in Pommern /	1200
Des Hertzogen von Holstein aus Magdeburg und Lipstadt /	1200
Hn. Obrist Fargel in Westphalen und Halberstadt /	1200
Hn. Graff Dönhoff aus Preussen /	750
Hn. Obristen Flemmings aus Preussen /	850
Summa	11600
Summa an Cavallerie	7506
an Dragonern	1320
an Infanterie	11600
Summa	19826

Ob nun wol Se. Churfl. Durchl. den March gern in der Richte genommen hätten / wolte es ihr doch nicht in der dortigen Nachbarschafft / weiln sie mit einer grössern Macht als das Kreiß-Contingent sich betrug / ausgezogen / gestattet werden / deshalben / und um alle Ursach zu klagen zu vermeiden / sie einen Umweg nehmen / und durch das Eysfeld und den Thüringer Wald auff Schmalkalden gehen musten / woselbst Ihr. Ihr. Durchl. Durchl. von Hessen-Cassel ihr entgegen kamen / und sie beneventiren thäten. Den 4. Septemb. langete dieselbe zu Schweinfurt an / von dannen sie dero Kämmerer und Obristen / den Hn. Grafen von Dönhoff / zu Ihr. Churfl. Durchl. zu Pfaltz senden / und dieselbe ersuchen thäten / sie wolten sich nebst den Alliirten an den Marechall de Turenne hängen / und deshalben von unten hinauff auff denselben gehen / Se. Churfl. Durchl. wären in Willens / mit dero Armée von obenwerts herunter zu kommen / und dergestalt auff den Turenne zu fallen / daß er in die Enge getrieben würde; Es hatte aber der Käyserl. General, Hertzog von Bourneville, ohnverhofft den March geändert / vorgebend / daß der Orten keine Lebensmittel mehr vorhanden / dieselbe auch mit allerhand ansteckenden Seuchen inficiret worden / so daß dadurch auch bey seiner Armée die Kranckheiten eingerissen / und sie davon sehr incommodiret würde / welches Se. Churfl. Durchl. nachdem es geschehen / wiewol es ihro / und dem Hn. Hertzog von Lothringen / sehr entgegen war / ihr endlich mit gefallen liessen / und darauff die lincke Hand halten und nach Heilbronn gehen thäten / woselbst sie / nachdem ihr die Direction der militarischen Affairen von Ihr. Käyserl. Majest. und den Alliirten auffgetragen worden / eine Zusammenkunfft allerseits Häupter und Generalen / als Chur-Pfaltz / Hertzogen zu Zell / Hertzogen zu Lothringen Durchl. Durchl. Durchl. und Käyserl. Generals Bourneville veranlasset hatten / um sich insgesamt desto besser zu verstehen / als auch eines gewissen Delseins zu vereinigen.

Den 11. wurde daselbst Kriegs-Rath gehalten / und war von Ihr. Churfl. Durchl. zu Pfaltz ins Mittel gebracht worden / daß man insgesamt nach Philippsburg gehen / und dasselbe belägern solte. Die Ursachen / so Ihr. Churfl. Durchl. bewogen / ein solches vorzustellen und zu rathen / waren diese / daß grosser Mangel an Holtz bey der Guarnison, dieselbe auch über die Helffte kranck / und incapable wären / eine Belagerung auszustehen / zudem mangelte es ihr an frischem Wasser / und würde dieses die Ubergabe mercklich beschleunigen / es würden auch so wol der Schwäb. und Fränckis. Kreiß / als Ihr. Churfl. Durchl. zu Pfaltz Churfürstenthum und Lande / von aller Gefahr dergestalt gäntzlich befreyet / und in einen Zustand gesetzet werden / dem Reiche mit mehren Kräfften beyzuspringen. Zu Heilbronn wird Kriegs-Rath gehalten.

Nachdem aber das Werck reifflich erwogen und überleget / funde sich daß es allbereit ausser der Jahreszeit war / einen so advantageusement postirten / und nach aller Perfection fortificirten / auch wol versehenen Ort anzugreiffen / massen derselbe im Morast lage / und man die Schauffel kaum in die Erde würde haben bringen können / daß man nicht so bald Wasser gefunden / welchergestalt / und daß sie den Rhein nahe hatten / es ihnen auch an Wasser zu trincken nicht würde gefehlet haben / so könte der Mangel / den sie an Holtz hätten / dadurch ersetzet werden / daß die Häuser und Ställe noch gantz / und davon das Holtz zum brennen genommen werden. Es war auch in der Nähe kein Magazin-Haus auffgerichtet worden / woraus so viele Trouppen hätten proviantiret werden können / war auch keine Apparentz / daß in dem nächsten Monat eines angerichtet werden möchte / es fehlete an grossen Stücken / weil man bey der Armée insgesamt nur Feld-Stücke führete / und würden unterschiedene Wochen hingegangen seyn / ehe solche / (dann diejenige / so Chur-Pfaltz hergeben wolte / nicht reichen thaten /) von den umliegenden Orten und Reichs-Städten angeführet werden können / zugeschweigen / daß man die Infanterie dergestalt davor leicht würde ruiniren können / und wann der Feind sich verstärcket / und es zu entsetzen herunter kommen / man alsdann nicht denselben bastant würde gewesen seyn / und das Reich nur in mehrere Gefahr wäre verwickelt worden; Würde also das Beste zu seyn erachtet / daß man insgesamt mit den Armeen sich höherwerts nach dem Rhein zöge /

Ttt 3 und

„Theatrum Europaeum" (Bd. 11), Frankfurt 1682: Aufstellung der brandenburgischen Truppen auf dem Marsch ins Elsass im August 1674. In der Mitte das Regiment Hessen-Homburg mit 400 Mann.

Vorstellungen des heißblütigen Kämpen entsprochen haben. Doch August von Sachsen-Weißenfels, bereits ein älterer Herr, galt als unsicherer Kantonist und ließ keine brandenburgischen Truppenwerbungen im Erzstift zu, das nach seinem Tod, so war es im Westfälischen Frieden bestimmt worden, ohnehin an den Großen Kurfürsten fallen sollte. Ob die Tatsache, dass Friedrich von Homburg drei Jahre zuvor fast sein Schwiegersohn geworden wäre, die Verhandlungen eher förderten oder behinderten, ist nicht bekannt.

Von Halle ging Friedrich zur Berichterstattung und weiteren Verwendung nach Berlin. Da der Große Kurfürst zu Recht glaubte, auf die militärischen Fähigkeiten des Landgrafen an der ruhigen Front am Rhein verzichten zu können, setzte er ihn als Statthalter der Mark ein. Dieser ruhige Verwaltungsposten entsprach allerdings ebenso wenig den Vorstellungen des Reiterführers und so bat er wiederholt, „durch reele Dienst bei einer Hauptaktion" eingesetzt zu werden. Aber es war auch das geringe Einkommen auf diesem Posten, das ihn zum aktiven Kriegsdienst drängte. Er zögerte nicht, gegenüber dem Großen Kurfürsten entsprechend zu argumentieren: „Ich muß mit großer meiner Ungemächlichkeit und Beschwerde an diesem kostbaren und teuren Ort [gemeint ist Berlin] mit dem wenigen Traktement subsistieren, maßen ich mehr nicht als etwa fünfzig oder sechzig Rthlr., alles in allem angeschlagen, bekomme, da doch nicht einer, sondern verschiedene wirklich im Feld, da man bekanntlich mit ungleich geringeren Kosten leben kann, stehende Oberste ebensoviel bekommen." Diese Äußerungen sind in zweierlei Hinsicht von Interesse. Zum einen machen sie die Dienstauffassung deutlich und illustrieren denkbar plastisch die finanziellen und materiellen Interessen der Militärs, die nach wie vor den Krieg als Unternehmen betrachteten. Zum anderen lässt sich leicht abschätzen, dass das Verhältnis zwischen dem Kriegsherrn, also dem Großen Kurfürsten, und seinem fordernden und nörgelnden General schon frühzeitig getrübt war und man trotz allen Versicherungen der gegenseitigen Hochachtung von gewissen Vorbehalten in ihrem Verhältnis zueinander ausgehen muss.

Es wird dem Homburger ein schwacher Trost gewesen sein, dass er am Rhein keine großen Schlachten und bravourösen Heldenstückchen verpasste, noch dass er selbst hätte welche vollbringen können. Der mit ihm befreundete spätere Hofmarschall Friedrich Rudolf von Canitz (1654–1699) hielt ihn über die wenig rühmliche Kriegsführung auf dem Laufenden, freilich nicht, ohne zu sticheln, etwa wenn er aus dem Hauptquartier in der hessischen Festung Rüsselsheim schrieb: „Euer Durchlaucht missgönne ich nicht, daß Sie sich mit der Varietät der Berlinischen Weiberchen so bracheligen [= prächtig] ergötzen", während man sich beim Regiment um das nötigste Auskommen kümmern müsse, ohne Aussicht auf militärische Meriten. Die Stimmung in der Etappe wird vielleicht am besten durch jene Episode illustriert, als sich ein Obrist und ein Rittmeister des Regimentes von Homburg im Zustand der Trunkenheit in Streit gerieten und sich gegenseitig vom Pferd schossen.

Die Zurückhaltung bzw. das Taktieren der kaiserlichen Kriegsführung am Rhein nutzte der französische Befehlshaber Turenne – ein alter Bekannter von Homburg aus den letzten Jahren des Dreißigjährigen Krieges – und drang in Westfalen ein. Dort bedrohte er neben der brandenburgischen Grafschaft Ravensberg auch die brandenburgischen Besitzungen am Niederrhein – Jülich und Kleve. Dies löste beim Großen Kurfürsten sofort einen neuen Schub des „brandenburgischen Wechselfiebers" aus. Er fiel vom Bündnis mit dem Kaiser und den Niederlanden ab und schloss mit Frankreich den Separatfrieden von Vossem (16. Juni 1673). Das Regiment Hessen-Homburg hatte er schon im März 1673 vom Rhein abgezogen und wieder in seine ärmlichen Quartiere in der ausgelaugten Altmark verlegen lassen. Seine Frau hatte den Homburger damals von Weferlingen an die Spree begleitet und brachte am 19. Mai in Cölln, vermutlich im kurfürstlichen Schloss, den späteren Homburger Thronfolger Friedrich III. (1673–1746) zur Welt.

Nicht zuletzt aus Rücksicht auf die Zivilbevölkerung in den Quartierorten, aber vor allem aus finanziellen Erwägungen verfügte der Kurfürst die Abmusterung eines Teiles seiner Truppen. Im ersten Schub waren davon vier der sechs Kompanien des Regimentes Hessen-Homburg betroffen. Der Landgraf war ziemlich verletzt und reagierte recht erbost. In einem Schreiben an Derfflinger, den Chef der brandenburgischen Reiterei, den Friedrich bereits 1656 in Ostpreußen kennengelernt hatte, beschwerte er sich, dass die Abmusterung in seiner Abwesenheit und vor allem entgegen vorher getroffener Absprachen angeordnet worden sei. Er fasste dieses Vorgehen offensichtlich als persönlichen Affront auf, denn er monierte, dass die anderen Regimenter ungemindert davongekommen seien und dass man scheinbar glauben würde, ihn nicht besonders zu benötigen. Derfflinger versicherte Homburg umgehend seines Wohlwollens und verwies darauf, dass die Truppenreduktion gegen seinen Willen durchgeführt worden sei. Neben dem Regiment Hessen-Homburg fielen schließlich auch noch andere junge Einheiten dem Sparzwang zum Opfer, aber die Regimenter der alten brandenburgischen Generäle blieben tatsächlich weitgehend verschont.

VI. Ruhm – vom Rhein zum Rhin

Indes sorgte das europäische Mächtespiel dafür, dass diese Episode zwar das nicht spannungsfreie Verhältnis zwischen Kurfürst und Landgrafen schlaglichtartig sichtbar machte, doch zu einer nachhaltigen Entfremdung zwischen den beiden führte sie nicht. Im Mai 1674 hatte der Kaiser auf dem Reichstag in Regensburg die Erklärung des Reichskrieges gegen Ludwig XIV. erreicht. Daraufhin schloss der Große Kurfürst am ersten Juli einen Vertrag mit Österreich, den Niederlanden und Spanien, in dem er die Entsendung eines Heeres von 16.000 Mann zusagte. Sofort begann die Werbung neuer Soldaten, auch das Regiment Hessen-Homburg sollte wieder auf seine alte Stärke aufgestockt werden. Der damalige französische Gesandte in Berlin, Antoine Verjus (1632–1706), beobachtete dieses Treiben und berichtete voller Spott und Überheblichkeit nach Paris, dass der unfähigste der unfähigen Offiziere der Feldmarschall (Derfflinger) sei, ein ehemaliger Schneider, und der General der Kavallerie, „M. le Prince de Hombourg“, kaum genug Verstand besitze, um eine Kompanie zu führen.

Der Kurfürst hoffte auf den Einsatz der brandenburgischen Truppen in den Niederlanden, um sie bei eventueller Bedrohung seiner niederrheinischen Besitzungen bei der Hand zu haben. Indes machte der Vormarsch Turennes am Oberrhein den Zug in den Südwesten nötig. Hier sollten sich die brandenburgischen Truppen mit den Kaiserlichen und dem Reichsheer verbinden und Friedrich Wilhelm als vornehmstem Reichsfürsten der Oberbefehl zufallen. In der Gegend um Madgeburg sammelte sich Anfang August das auf 20.000 Mann angewachsene Heer und marschierte ab dem 13. August durch Thüringen und Franken an den Oberrhein. Landgraf Friedrich führte zunächst das Kommando über den rechten Flügel, ein Corps bestehend aus sechs Regimentern mit rund 3.700 Reitern. Ab Mellrichstadt am Main übernahm er dann den Befehl über die Vorhut.

Am 3. und 4. Oktober setzte die gesamte Armee bei Kehl über den Rhein und bereitete den Angriff auf Turenne vor. Während die brandenburgischen Generäle und der Kurfürst selbst auf einen sofortigen Angriff drängten, riet der kaiserliche Feldmarschall Alexander Hippolyt de Bournonville (1616–1690) davon ab. Turenne konnte sich dadurch unbehelligt auf die Höhen der Vogesen zurückziehen. Die verbündeten Truppen brachen die Verfolgung ab, nahmen in den elsässischen Städten und Dörfern Quartier und blockierten die französische Festung Neu-Breisach. Der Homburger hatte die wenig dankbare Aufgabe, in dem buchstäblich abgegrasten Land die Versorgung der Kavallerie sicherzustellen. Die Reiter mussten sich nur zu oft mit trockenem Brot zufrieden geben und die Pferde wurden wegen des Futtermangels immer schwächer. Turenne zog indes auf der Westseite der Vogesen nach Süden und fiel in das Oberelsass ein, um die Reichstruppen in ihren weitverteilten Winterquartieren anzugreifen und getrennt auszuschalten. Bei Mülhausen gelang ihm am 19. Dezember ein Sieg über die Kaiserlichen, die sich nach Norden zurückzogen. Den Homburger schickte der Große Kurfürst mit 5.000 Reitern nach Neu-Breisach, um die dortige Belagerungstruppe gegen einen französischen Angriff zu schützen. Nicht zuletzt angesichts der fortgeschrittenen Jahreszeit und der enormen Versorgungsprobleme suchte Turenne allerdings die schnelle Entscheidung in einer Feldschlacht. Homburg kehrte mit seiner Reiterei zum Hauptheer zurück und drängte mit den anderen brandenburgischen Generälen ebenfalls auf einen Angriff. Am zweiten Weihnachtstag trafen die Truppen knapp zehn Kilometer westlich von Colmar bei dem kleinen Städtchen Türkheim aufeinander. Obwohl die Franzosen zahlenmäßig unterlegen waren, führten die Meinungsverschiedenheiten und Kompetenzstreitigkeiten zwischen den alliierten Befehlshabern zu einem Sieg Turennes. Die Kaiserlichen, Brandenburger und anderen Reichstruppen zogen nach dieser Niederlage in Richtung Osten ab, um am Ostufer des Rheins sichere Winterquartiere zu suchen. Bournonville rückte noch in aller Heimlichkeit in der Nacht ab, am nächsten Tag folgten die Brandenburger. Friedrich von Homburg bildete dabei mit seinen Reitern die Nachhut und deckte die abziehende Artillerie und Infanterie. Tatsächlich stieß Turenne nach, ein nach einigen Tagen vorgetragener Angriff wurde aber von Homburgs Reiterei erfolgreich abgewehrt.

Die Tage um den Jahreswechsel 1674/75 gelten als menschlicher und politischer Tiefpunkt im Leben des Großen Kurfürsten. Nach sieben Tagen Fieber erlag am 7. Dezember 1674 sein noch nicht zwanzigjähriger Sohn und präsumtiver Nachfolger Karl Emil in Straßburg der Ruhr. In den Tagen um die verlorene Schlacht von Türkheim erfuhr er vom Einfall der Schweden in Brandenburg. Ob dies ein Erfolg der französischen Diplomatie war, die damit eine Entlastung am Oberrhein erreichen wollte, oder ob die schiere Not seiner hungernden Soldaten den greisen Carl Gustav von Wrangel, einen alten Bekannten des Landgrafen, dazu veranlassten, von Pommern aus in die Uckermark einzufallen, sei dahingestellt. Das flache Land hatte entsetzlich zu leiden und die Dorfbewohner flohen vor den rund 20.000 schwedischen Soldaten in die Städte. Nur diese konnten die wenigen im Lande verbliebenen brandenburgischen Truppen zunächst noch behaupten. Ende Januar überschritten die Schweden erstmals die Havel und im Mai starteten sie den weiteren Vormarsch und rückten bis zum Rhinluch vor. Damit war das brandenburgische Kerngebiet um Berlin bedroht.

Anders als oft berichtet, eilten die brandenburgischen Truppen nicht sofort nach dem Eintreffen der Nachricht vom Schwedeneinfall in die Mark. Der Kurfürst gönnte der Armee zunächst die Erholung in den Winterquartieren in Franken, in der Gegend um Schweinfurt. Es selbst reiste im März in Begleitung des Homburgers zunächst nach Kleve und dann weiter nach Den Haag, um eine antischwedische Allianz mit den Niederländern und mit Dänemark zu schmieden. Sein Ziel dabei war nicht nur die Befreiung der Kurmark von der schwedischen Besatzung, sondern die gänzliche Vertreibung der Schweden aus Norddeutschland. Im Grunde ging es also schlicht „um mehr Macht für Brandenburg auf Kosten Schwedens", so Ernst Opgenoorth. Trotz anfänglichen Widerstandes aus Wien kam am 15. Mai das Haager Protokoll zustande, mit dem das weitere militärische Vorgehen der Niederlande, Spaniens, des Kaisers und des Brandenburgers aufeinander abgestimmt wurde. Es bedeutete für den Kurfürsten vor allem einen freien Rücken auf seinem Feldzug ins besetzte eigene Land.

Die Teilnahme des Landgrafen an dem Feldzug aus den fränkischen Winterquartieren nach Brandenburg war zunächst keineswegs sicher. Unterschiedliche Beweggründe führten sogar dazu, dass Friedrich noch während des Marsches von Franken in Richtung Norden im Mai 1675 um seine Entlassung aus den kurfürstlichen Diensten nachsuchte. Es wäre eine grobe Fehleinschätzung der Dienstauffassung eines Kriegsunternehmers des 17. Jahrhunderts, wenn man dahinter etwa Skrupel oder Bedenken vermuten würde, die sich aus dem Umstand ergaben, dass er nun gegen seine ehemaligen schwedischen Mitstreiter zu Felde ziehen sollte. Zwei andere Überlegungen waren vielmehr entscheidend: Während der Wintermonate hatte Friedrich die Verwandten in Homburg und seine Frau in Weferlingen besucht. Man drängte ihn, den Dienst zu quittieren und sich stattdessen der Verwaltung der Güter zu widmen. Die deutlichsten und eindringlichsten Worte fanden die homburgischen Räte Georg Christoph von Kohlhans und Eitel Wilhelm von Geismar, die den Landgrafen direkt aufforderten, „sich diesem geldfressenden und verdrießlichen Kriege" zu entziehen. Sie scheuten auch nicht davor zurück, ihn an das „große Elend und kläglichen Zustand" zu erinnern, „wenn E.[uer] D.[urchlaucht] durch etwan einen unglücklichen Schuß Arm oder Bein verlieren sollten, und allein E. D. gnädigst zu erwägen bitten, wie Dero Leibeskonstitution durch vielfältig schon erlittene Unglücksfälle und schwere Travaillen äußerst geschwächt" sei. Sie äußerten auch die ernstliche Sorge, dass im Todesfall des Landgrafen „Dero Frau Gemahlin und allerliebste Kinder in solchen miserablen état gesetzet, daß vor selbige wir keine Hülfsmittel, sich wieder herauszureißen, absehen können." Schließlich sei aber „das Tempo wegen der Succession Dero Herren Brüder zu observieren höchst nötig." Das heißt, die ursprünglich nicht sehr wahrscheinliche Regentschaft des jüngsten Landgrafenbruders in seinem Heimatterritorium war in greifbare Nähe gerückt. Tatsächlich hatte der älteste Bruder, Wilhelm Christof, Hessen-Homburg schon 1669 an den kinderlosen Georg Christian abgetreten. Und vor allem, hierauf spielt die Formulierung der Räte an, war mit dem gerade 21-jährigen Leopold Georg (1654–1675) im Februar der letzte von den insgesamt acht Söhnen Wilhelm Christofs verstorben, die allesamt nicht das Erwachsenenalter erreicht hatten.

Vielleicht am wichtigsten war jedoch der schwelende Dauerkonflikt zwischen dem Homburger und dem Großen Kurfürsten, dessen Ursachen und Verlaufsformen indessen hinter einem Schleier liegen. Dieser Schleier, der aus den zeitgenössischen Höflichkeitsfloskeln und vor allem dem zwanghaften Bestreben der meisten späteren Historiker besteht, die beiden im gemeinsamen Kampf für Preußens Gloria zu sehen, trübt freilich hier den klaren Blick. Als konkreter Anlass für die Konflikte um den Jahreswechsel 1674/75 dürfte, neben der allgemein angespannten Stimmung nach dem wenig rühmlichen Elsassfeldzug im vergangenen Jahr, vor allem der Versuch des großen Kurfürsten zu sehen sein, über Steuerabgaben an dem prosperierenden Amt Weferlingen teilzuhaben. Besonders der Oberhofmarschall von Canitz versuchte förmlich mit Engelszungen den Landgrafen in brandenburgischen Militärdiensten zu halten. Entscheidend für den weiteren Verbleib des Homburgers bei der brandenburgischen Fahne dürften die in Aussicht gestellten Vergünstigungen des Kurfürsten, die Hintanstellung der offenen Streitfragen und vor allem die greifbare Chance zu militärischem Ruhm gewesen sein.

Allerdings musste Canitz noch am 4. Juni davon ausgehen, dass Friedrich den Dienst quittieren wolle. Eine Antwort auf seinen an diesem Tage verfassten Bittbrief, in dem er dem Landgrafen nochmals versicherte, „daß Sie Dero [des Kurfürsten] Dienste nicht gereuen würden“, liegt nicht vor. Stattdessen tauchte Friedrich mit dem linken Flügel der Armee am 6. Juni im Hauptquartier in Heldrungen, 40 Kilometer nördlich von Weimar, auf. Er hatte die insgesamt fünf Kavallerieregimenter vom Mainübergang bei Gemünden durch Würzburger und Fuldaer Gebiet bis hierher geführt. Wann und wo der Landgraf mit dem Kurfürsten zusammentraf bzw. ob und wie eine Aussprache zwischen den beiden stattgefunden hat, ist nicht überliefert. Da Landgraf Friedrich aber in Begleitung seines Bruders Georg Christian reiste, ist anzunehmen, dass er ein Quittieren des Dienstes nicht ernsthaft in Betracht zog, denn Georg Christian hatte kein militärisches Amt inne, sondern begleitete Friedrich als Schlachtenbummler. Die meiste Aufregung wird wohl der bekannten „heftigen, leicht aufbrausenden Gemütsart“ (Johann Jungfer) des Landgrafen geschuldet gewesen sein.

Der Kurfürst musste bei seinen nächsten strategischen Schritten zwischen den Kraftreserven seiner Armee und dem Überraschungseffekt abwägen, denn die Schweden rechneten noch nicht mit dem Auftauchen der Brandenburger. Um die Truppen zu schonen – in den letzten anderthalb Wochen hatte man immerhin eine durchschnittliche Tagesmarschleistung von mehr als 30 Kilometern absolviert –, legte man die 120 Kilometer von Heldrungen nach Magdeburg in fünf Tagen zurück. Die Schweden waren mittlerweile von Norden aus der Uckermark weiter nach Südwesten vorgestoßen und hatten nacheinander Brandenburg, Rathenow und Havelberg besetzt. Mit diesem vorgetriebenen Keil stellten sich die Schweden zwischen den Kurfürsten und Berlin. Damit lag das homburgische Amt und Städtchen Neustadt an der Dosse nun hinter den schwedischen Linien. Wären die Schweden weiter nach Westen vorgestoßen, hätten sie auch Weferlingen direkt bedroht. Dort hatte Landgräfin Louise Elisabeth im März 1674 ihr drittes Kind, Karl Christian (1674–1695), zur Welt gebracht, war aber vermutlich aufgrund des schwedischen Einfalls von dort zu ihrer Tante nach Kassel ausgewichen, wo sie bereits am 2. März 1675 von ihrem vierten Kind entbunden wurde, das auf die Namen seiner Großtante und Großmutter Hedwig Luise (1675–1760) getauft wurde. Vielleicht spielte auch diese direkte Bedrohung des eigenen Besitzes und der eigenen Familie durch die Schweden eine Rolle bei der Entscheidung des Landgrafen für seinen weiteren Verbleib in brandenburgischen Diensten.

Die schwedischen Kräfte, rund 20.000 Mann, waren zum größeren Teil auf die drei Havelstädte Brandenburg, Rathenow und Havelberg verteilt. Der große Kurfürst musste also das Überraschungsmoment nutzen, um die schwedischen Befehlshaber an einer Vereinigung ihrer Truppen zu hindern. Nach einem Rasttag gingen daher am 12. Juni ab neun Uhr abends die ganze Kavallerie und zehn Kanonen über die Elbe. Rund 1.000 Musketiere wurden auf Wagen verladen, die zusätzlich auch Boote transportierten, mit denen man die unregulierten Wasserläufe in der versumpften Havellandschaft überwinden konnte. Den Stab bildeten neben dem Feldmarschall Derfflinger die Generäle Homburg, Lüdicke, Götz und Pöllnitz. In der Nacht vom 14. auf den 15. Juni setzte das Fußvolk nördlich von Rathenow in Booten über die Havel. Die Kavallerie und die Dragoner rückten direkt auf die Brückentore vor. An der einen Brücke gelang dem bereits fast 70-jährigen Derfflinger der legendäre Streich, sich als schwedischer Offizier auszugeben und die Wachen zu überrumpeln. Die Brandenburger nutzten die entstehende Verwirrung und als die nachrückenden Musketiere in die Stadt eindrangen, war binnen weniger Stunden das mittlere der drei schwedischen Korps ausgeschaltet. Damit war gewissermaßen schon der Grundstein für den folgenden Sieg der Brandenburger gelegt.

Der südlich von Rathenow in der Stadt Brandenburg stehende General Waldemar von Wrangel hatte nun die brandenburgischen Festungsbesatzungen in Berlin und Spandau fast in seinem Rücken und die Feldarmee

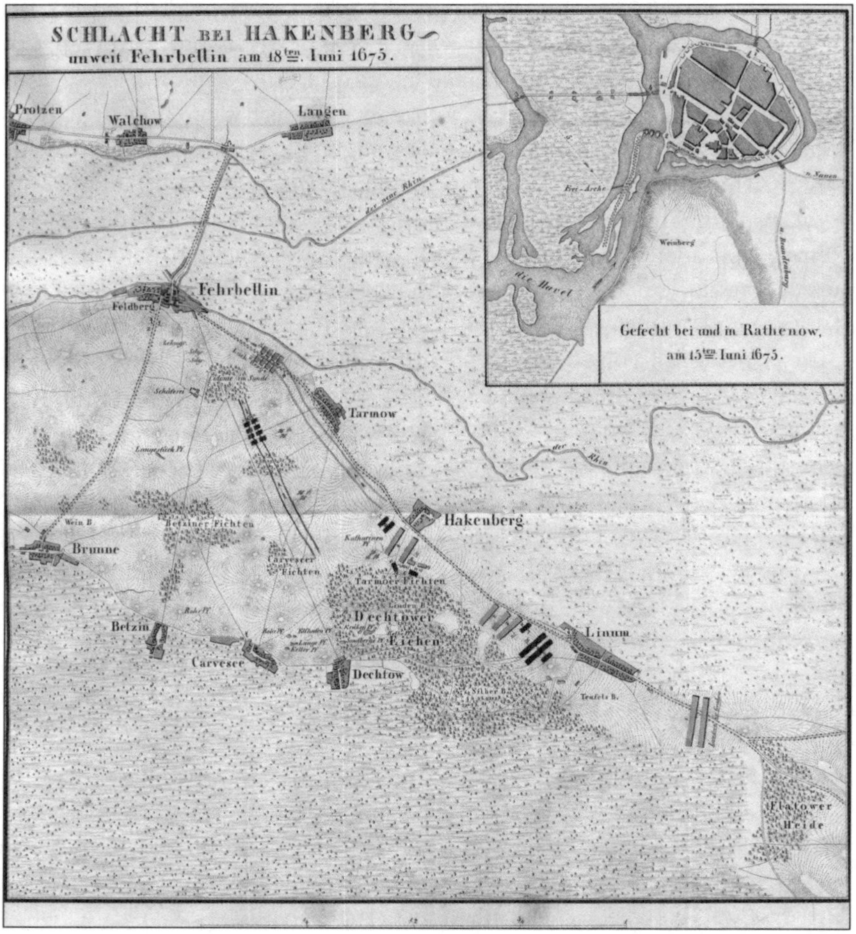

Schlacht bei Hakenberg und Fehrbellin am 18./28. Juni 1675.

des Kurfürsten auf seiner rechten Flanke. Er erkannte diese Gefahr und trat sofort den Rückzug durch die unwegsame Sand- und Sumpflandschaft des havelländischen Luchs an. Zunächst setzte er sich nochmals in dem nordöstlich gelegenen Städtchen Nauen fest, um von dort nach Norden vorzustoßen und sich mit der von Havelberg nach Osten ziehenden Armee seines Stiefbruders, des Feldmarschalls Carl Gustav von Wrangel, zu vereinigen. Als er von Nauen abrückte, hefteten sich die Brandenburger sofort an seine Fersen. Der Kurfürst übertrug dem Homburger den Befehl über die Avantgarde, die am 18. Juni bei Tagesanbruch mit ca. 1.500 Reitern den Schweden nachjagte. Wrangel verfügte über 7.000 vielleicht sogar 10.000 bis 12.000 Mann, die Angaben schwanken hier. Vor allem hatte Wrangel aber wohl nur unklare Vorstellungen von der Truppenstärke des Homburgers und darüber hinaus keine Kenntnis, wie weit das brandenburgische Haupttreffen zurücklag.

Diese fehlenden Informationen waren im Grunde schlachtentscheidend. Bei dem Dörfchen Linum, etwa zehn Kilometer südöstlich von Fehrbellin, holten die Homburger Reiter die Schweden ein. Deren Nachhut besetzte eine alte Landwehr auf einer Enge zwischen dem Havelländer und dem Rhin Luch. Ohne Zögern verwickelte sie der Landgraf in ein Scharmützel, schickte dem Kurfürsten Nachricht, die schwedische Armee sei gestellt, und bat um Unterstützung. Derfflinger riet zu einem zeitraubenden Umgehungsmarsch, konnte sich aber gegen den vorwärts drängenden Kurfürsten nicht durchsetzen, der den im Zugzwang befindlichen Gegner nicht wie im Jahr zuvor Turenne entkommen lassen wollte. Hinzu kam auch der Siegestaumel nach dem Handstreich von Rathenow, der ihn zu seinem risikoreichen Handeln bewegte. Wahrscheinlich war aber auch allen Beteiligten klar, dass eine Entscheidung rasch fallen musste, da die Kräfte der Soldaten nach wochenlangen Gewaltmärschen und den turbulenten Ereignissen der letzten Tage zu Ende gehen würden – wie es nach dem Sieg tatsächlich eintreten sollte.

Der Große Kurfürst schickte dem Landgrafen also 500 weitere Reiter, Derfflingers Dragoner, zur Hilfe und setzte sich mit der ganzen Streitmacht in Bewegung. Als Friedrich vom Anzug der Hauptarmee erfuhr, ließ er sofort die schwedische Verteidigungslinie an der Landwehr durchbrechen. Noch war die Sicht durch Regen und Nebelschwaden getrübt und Wrangel vermutete den Durchbruch der brandenburgischen Hauptarmee. Er ließ die Landwehr vollends räumen und zog sich in das Dorf Linum zurück, wo ihn der Homburger allerdings sofort aufs Neue attackierte. Nochmals zogen sich die Schweden zurück und stellten sich bei Hakenberg in regulärer Schlachtordnung auf. Wrangel hatte dabei versäumt, einen kleinen bewaldeten Rücken, die Dechtower Fichten zu besetzen. Den Brandenburgern dürfte hier die Ortskenntnis einen entscheidenden Vorteil verschafft haben. Mit ihren wenigen leichten Geschützen besetzten sie diese günstige Stellung und konnten von dort die schwedische Aufstellung unter Artilleriefeuer nehmen. Wrangel ließ zwar zweimal die Stellungen auf dem Hügel stürmen, aber stets mit zu wenigen Männern; er wollte offensichtlich seine Schlachtaufstellung nicht auflösen, die dann einem Angriff der brandenburgischen Hauptmacht nicht hätte standhalten können.

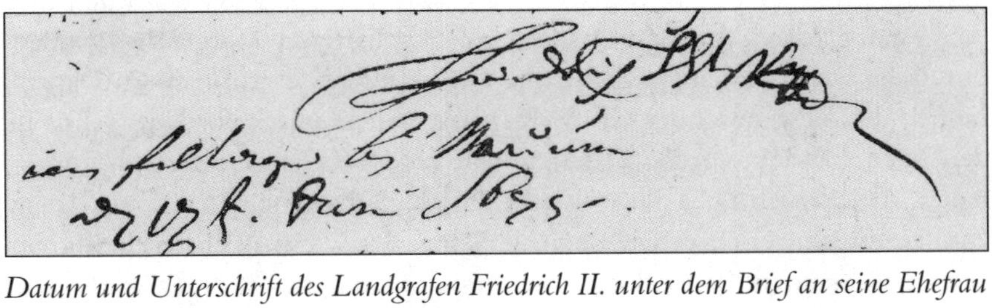

Datum und Unterschrift des Landgrafen Friedrich II. unter dem Brief an seine Ehefrau am Vorabend der Schlacht von Fehrbellin am 18./28. Juni 1675.

Für die Brandenburger wurde es im Verlaufe dieser Kampfhandlungen zwar einige Male recht eng. Der Kurfürst selbst geriet ins Handgemenge. Friedrich von Homburg war „etzlichemal ganz [von Feinden] umringet gewesen, […] und der Feldmarschall [Derfflinger] selbsten verloren gewesen, wenn ich nicht en personne sekundiret hätte“, wie der Homburger am Tag nach der Schlacht an seine Frau berichtete. Nach zwei Stunden Kampf um die Dechtower Fichten wich der schwedische rechte Flügel endlich zurück. Resümierend könnte man sagen, das starre Festhalten Wrangels an der barocken Strategielehre der Schweden scheiterte an dem riskanten, unorthodoxen Vorpreschen der Brandenburger. Schon um zehn Uhr vormittags war die Schlacht entschieden. Die schwedische Ordnung geriet vollends ins Wanken und die Regimenter setzten sich in Richtung Fehrbellin ab. Die Reiterei unter Homburg nahm wiederum die Verfolgung auf, jetzt zeigten sich allerdings die schwindenden Kräfte und die Soldaten gehorchten ihren Offizieren nur noch „lâchement“. Vor allem war aber die Infanterie immer noch nicht eingetroffen und die noch intakten Regimenter der Schweden konnten nicht angegriffen werden. In dem Brief an seine Gemahlin bedauerte Friedrich das verspätete Eintreffen des Fußvolkes, denn dann wäre kein einziger Schwede davon gekommen. Weiter wünschte er, dass „unsere Armee frisch und nicht schwach [wäre], so sollten sie [die Schweden] diese nacht oder morgen dran“ kommen. Stattdessen müsse man nun rasten und „hier herumb stille [liegen], darmit die armen Pferten nicht gar crepieren“. Hier sprach eindeutig der Pferdeliebhaber, dessen asymmetrisches Mitleid sich gegenüber den Gefallenen und Verwundeten offenbar in Grenzen hielt. Denn, so berichtete er weiter an seine Gemahlin, nachdem man die Verfolgung aufgegeben hatte und „nun alles vorbei gewesen, haben wir auf der Walstatt, da mehr als 1.000 Toten [tatsächlich waren es sogar 2.000] umb uns lagen, [ge]gessen und uns brav lustig gemacht“.

Die Schweden waren durch diese Niederlage nachhaltig getroffen, weniger militärisch als vielmehr moralisch. Sie gaben jeden Plan zu einem Gegenangriff auf. Wrangels demoralisierte Soldaten desertierten in den nächsten Tagen zu Tausenden, selbst die noch gar nicht eingesetzten Regimenter des Feldmarschalls zogen sich in einer geradezu kopflosen Flucht aus Brandenburg nach Schwedisch-Pommern zurück. Während die Schweden ihren Ruf, die besten Soldaten ihrer Zeit zu sein, verspielt hatten, versorgte die brandenburgische Kriegsberichterstattung die Nachrichtenblätter mit ihren Darstellungen des Sieges und der Große Kurfürst wurde sprichwörtlich. Selbst in den Niederlanden wurden Dank- und Freudenfeste über diesen Sieg abgehalten. Doch auch über die vielen Feldbriefe verbreitete sich die Nachricht vom brandenburgischen Sieg über die Schweden wie ein Lauffeuer. In dem Schreiben an seine Gemahlin forderte sie der Landgraf auf, Hedwig Sophie in Kassel und die homburgischen Räte zu informieren.

Die Schlacht von Fehrbellin, zeitgenössisches niederländisches Flugblatt von Romeyn de Hooghe über den „wunderbaren Erfolg des Kurfürsten von Brandenburg über die Schweden im Havelland" (Ausschnitt).

Am Tag nach der Schlacht erinnerte man sich auf der Verliererseite an die alten Verbindungen des Homburgers nach Schweden. Waldemar von Wrangel und andere schwedische Kommandeure schickten Boten an ihn „und begehrten Pässe vor ihre Weiber nacher Pommern; I.[hro] D.[urchlaucht] der Kurfürst haben généralement einen Paß vor alle dames heute mit einem expressen Trompeter gesandt", berichtete er an seine Frau. Nach zwei Rasttagen nahm Homburg mit seinen Reitern wieder die Verfolgung der Schweden auf. Am 21. holte er sie bei Wittstock an der Dosse ein. Sein Umfassungsversuch scheiterte allerdings und die Schweden zogen sich durch Mecklenburg in das seit 1648 ebenfalls schwedische Wismar zurück. Drei Tage später verkaufte Friedrich von Homburg sein Regiment für 5.000 Reichstaler an Herzog Heinrich von Sachsen-Römhild (1650–1710). Heinrich war der vierte Sohn Ernsts I. des Frommen von Sachsen-Gotha, also ein Schwager jener Magdalena Sybille, die 1669 statt den Homburger Friedrich I. von Sachsen-Gotha-Altenburg geheiratet hatte. Heinrich selbst heiratete dann am 1. März im darauf folgenden Jahr 1676 Marie Elisabeth (1656–1715), eine Tochter Ludwigs VI. von Hessen-Darmstadt. Die Vermutung liegt nahe, dass der Homburger mit dem Verkauf seines Regimentes unter anderem auch das Verhältnis zur Darmstädter Verwandtschaft verbessern wollte.

Die oft geäußerte Vermutung, die angesichts des bravourösen Sieges unangemessenen Klagen und Drohungen des Großen Kurfürsten gegen seine Offiziere hätten bei dem Homburger das Maß voll gemacht und ihn endgültig zur Quittierung seines Dienstes bewogen, ist vor diesem Hintergrund zu hinterfragen. Plausibel scheint, dass der Große Kurfürst und der Landgraf sich bereits vor Fehrbellin darauf geeinigt hatten, dass er nach dem Feldzug zunächst Urlaub nehmen würde. Aus dem Schreiben der homburgischen Räte vom Mai geht hervor, dass der Arzt Dr. Gehlfuß bereits seit längerem dringend zu einer Sauerbrunnenkur geraten hatte. Es liegt nahe, dass der Homburger jetzt die Zeit für gekommen ansah und spürbar erschöpft war. Mit 42 Jahren war er für damalige Verhältnisse kein junger Mann mehr, seine Beinprothese bedeutete eine deutliche Behinderung beim Reiten und er war mit seinen physischen Kräften am Ende. Es sei daran erinnert, dass die Pferde seit dem Abmarsch in Magdeburg überhaupt nicht mehr abgesattelt worden waren, die Nachtruhe bestand aus ein paar Stunden Schlaf auf dem blanken, teilweise regennassen Boden, nur der gichtgeplagte 55-jährige Kurfürst übernachtete in einer Kalesche.

Landgraf Friedrich reiste noch im Juni zu seiner Gemahlin nach Weferlingen. Neun Monate später wurde hier das fünfte Kind dieser Ehe, Philipp, am 24. März 1676 geboren. Von Weferlingen aus ging es tatsächlich nach Langenschwalbach (heute Bad Schwalbach) zur Kur. Hier verbrachte die Familie die nächsten Monate, der Aufenthalt wurde nur durch gelegentliche Ausflüge nach Homburg und Bingenheim unterbrochen.

Unterdessen ging der Krieg gegen Schweden weiter. Mittlerweile hatte auch Dänemark auf der Seite Brandenburgs die Kampfhandlungen gegen Schweden aufgenommen. Im Sommer sammelte der Große Kurfürst seine Kräfte, fiel dann im Oktober in das schwedische Pommern ein und stieß, ohne auf ernstzunehmenden Widerstand zu treffen, bis Ende des Monats bis zur Ostseeküste vor. Bereits im Sommer hatte man von Berlin aus auch Kontakt nach Hessen aufgenommen und wollte Friedrich zur Rückkehr in den brandenburgischen Militärdienst bewegen. Die Verhandlungen liefen wiederum über den Oberhofmarschall von Canitz und vor allem über die Regentin Hedwig Sophie in Kassel. Friedrich signalisierte noch im Herbst seine grundsätzliche Bereitschaft zur Rückkehr. Schon am 8. November befand er sich in Berlin und traf am 15. November im brandenburgischen Hauptquartier in Treptow an der Tollense, etwa 45 Kilometer südlich von Greifswald ein. Sein Regiment hatte der Landgraf zwar verkauft, doch seine Bestallung als General der Kavallerie war davon selbstverständlich unberührt geblieben. Sein Stolz ließ es allerdings offenbar nicht zu, unter dem Fürsten Johann Georg II. von Anhalt-Dessau (1627–1693), einem Schwager des Großen Kurfürsten und brandenburgischen Generalfeldmarschall, oder unter dem Generalwachtmeister Herzog August von Holstein-Plön (1635–1699) zu dienen. Der Kurfürst unterstellte den Landgrafen mit 1.400 Reitern deshalb dem Kommando des dänischen Königs Christian V. (1646–1699), der seit 1667 mit seiner Nichte Charlotte (1650–1714), der ältesten Tochter des Kasseler Landgrafen Wilhelm VI. und Hedwig Sophies verheiratet war, also einer Cousine der Homburger Landgräfin Louise Elisabeth.

Schon Anfang Dezember leitete der Homburger die Abwehr einer schwedischen Entsatztruppe für das belagerte Wismar. Aussagen gefangener Schweden zufolge eilte dem Homburger bereits der Ruhm von Fehrbellin voraus und der junge Königsmarck habe die Entsatzaktion sofort abgebrochen, als er erfuhr, dass Friedrich die dänischen Regimenter führen würde. Am 13. Dezember kapitulierte die schwedische Festung Ribnitz, 75 Kilometer nordöstlich von Wismar, ebenfalls bevor die Truppe Homburgs überhaupt mit dem Sturm begonnen hatte. Wismar selbst ergab sich am nächsten Tag dem dänischen König. Die Verschlechterung des Wetters ließ jedoch einen raschen Abzug in die Winterquartiere ratsam erscheinen, die Friedrichs Truppe etwa 60 Kilometer landeinwärts in der Gegend um Parchim bezogen. Der Kurfürst verbrachte den Winter in Berlin, Homburg dürfte sich ebenfalls dort und zeitweise auch in Weferlingen aufgehalten haben.

Das folgende Jahr 1676 wurde für die Brandenburger ein erfolgreiches Jahr. Im Sommer fielen einige schwedische Festungen. Im Juni stieß Friedrich von Homburg mit den in Mecklenburg gelegenen Regimentern zum Heer des Kurfürsten. Gemeinsam rückte man weiter nach Osten in Richtung Pommern vor. Am 17. August wurde Anklam, gut 30 Kilometer südöstlich von Greifswald, nach einer kurzen, aber heftigen Belagerung eingenommen. Als Belohnung für seine Verdienste bei dieser Aktion gab der Große Kurfürst seiner Steuerforderungen in Bezug auf die Brauerei in Weferlingen auf und belehnte den Homburger noch im Feldlager zusätzlich mit fünf Landgütern, die der Landgraf aber schon bald danach veräußerte.

Während der Belagerung von Anklam befanden sich auch die Gemahlinnen des Kurfürsten und des Landgrafen im Feldlager. Die Vermutung liegt nahe, dass Louise Elisabeth ihrem Mann gefolgt war, um sich gemeinsam mit ihm für die Interessen ihrer Eltern einzusetzen bzw. um nach dem Tod ihrer Mutter am 18. August 1676 ihren eigenen Erbansprüchen gegen den Vater Nachdruck zu verleihen. Kurland war zu Beginn des Krieges von schwedischen Truppen von Livland aus als Durchzugsgebiet benutzt worden und hatte keine Kraft, diesem übermächtigen Gegner Widerstand zu leisten. Der Vater Louise Elisabeths, Jakob von Kurland, hatte 1642 die Herrschaft angetreten und es verstanden, sein kleines Territorium binnen weniger Jahre zu einer beträchtlichen wirtschaftlichen Blüte zu führen. Der weltgewandte Herzog war ein Anhänger merkantiler Ideen und baute Handelsbeziehungen zu den direkten Nachbarn, aber auch nach England, Frankreich und

Portugal auf. Die kurischen Häfen Windau (Ventspils) und Libau (Liepaja) beherbergten unmittelbar nach dem Dreißigjährigen Krieg eine der größten europäischen Handelsflotten. Mit dem Einfall der schwedischen Armee im Jahre 1655 und der Gefangenschaft des Herzogs erlitt das Land einen schweren Rückschlag.

Seine Kolonialprojekte in Tobago in der Karibik und dem westafrikanischen Guinea, vor allem aber seine Gewerbepolitik und der Bau von Dutzenden von Schiffswerften, Schmiedewerkstätten, Glashütten, Salpeter- und Seifensiedereien, Papiermühlen und Tuchfabriken hatten für Aufsehen unter den europäischen Herrschern und für ein nachhaltiges Ansehen des Herzogs gesorgt. Inwieweit Landgraf Friedrich in die späteren Projekte einbezogen war, ist nicht bekannt, doch nur kurz nachdem sich sein Bruder Georg Christian in dem südamerikanischen Kolonialprojekt des Grafen von Hanau engagiert hatte, sollte Friedrich kurländischer Gouverneur in Tobago werden. Warum sich dieser Plan zerschlug, ist ebenfalls nicht bekannt. Es erscheint jedoch sehr wahrscheinlich, dass Jakob von Kurland einen erheblichen Vorbildcharakter für die künftigen unternehmerischen Projekte seines Schwiegersohns Friedrich von Homburg hatte.

Die merkantilen Neigungen des Schwiegervaters und des Schwiegersohns schlugen sich bald auch in den Verhandlungen um Geldangelegenheiten nieder. Schon wenige Jahre nach der Eheschließung sah sich Herzog Jakob nicht in der Lage, die im Ehevertrag vereinbarten Geldzahlungen, die sogenannten Paraphernalgelder, in Höhe von 70.000 Reichstalern nach Geburt eines Erben sowie die jährlichen Ehegelder zu leisten. Die ersten Forderungen des Homburgers aus Weferlingen beschwichtigte der Herzog mit einem Schiff, das sich der Landgraf 1672 gewünscht hatte. Es handelte sich immerhin um eine mit 30 Kanonen bestückte Fregatte. Ganz in barocker Manier wurde es auf den Namen „Das Wappen des Herren Landgraff Friedrich zu Hessen-Homburg" getauft. Zweifellos schmeichelte dieser Schiffsbesitz dem Homburger. Freilich war auch er Geschäftsmann genug, um das Schiff bereits im Januar 1674, gegen das Anraten seines Schwiegervaters, an einen Hamburger Kaufmann zu veräußern. Später entschuldigte sich der Herzog mit ausstehenden Handelsschiffen aus den Niederlanden, dann hatte angeblich sein Faktor Papiergeld, also Wechsel, statt Hartgeld angenommen und schließlich bot er seinem drängenden Schwiegersohn ein Gut in Pommern als Pfandbesitz an. Nach dem Tod der Herzogin kam dieser Handel wohl 1677 zustande. Andere Geldforderungen wurden 1674 mit Abschlagszahlungen bzw. mit Schiffsladungen von Holz, Leinsamen und Korn verrechnet, die auf Rechnung des Homburgers in Frankreich und den Niederlanden verkauft werden sollten. Mit dem Kriegsausbruch 1675 wurden diese Geschäfte naturgemäß immer schwieriger, war doch an einen ungestörten Handelsverkehr in der Ostsee kaum noch zu denken.

Die im August 1676 verstorbene Herzogin hatte sich ihrem geschäftstüchtigen Ehemann durchaus als ebenbürtig erwiesen und bereits im Jahr vor ihrem Tod eine „Notwendige Notation zur Wissenschaft meiner sämtlichen Kinder, so ich eigenhändig aufgesetzet und nicht zweifele, mein herzlieber Herr [der Herzog] sich wohl erinnern wird". Darin hatte sie minutiös festgelegt, was ihr eigener Pfandbesitz, ihr Immobilienbesitz und ihr sonstiges Vermögen an Mobilien, Gold, Silber und Schmuck war und was bei der bevorstehenden Nachlassteilung zu berücksichtigen sei. Auch die Schulden, die ihr Mann bei ihr hatte, wurden aufgeführt, der sich allerdings nach ihrem Tod daran nicht „wohl erinnern" konnte und sich weigerte, das Testament anzuerkennen. Ein jahrelanger Erbschaftsstreit war die unvermeidliche Folge, in dessen Verlauf Friedrich auch die Interessen seines jüngeren Schwagers, Landgraf Karl von Hessen-Kassel, über weite Strecken mit vertrat.

Diese kurländischen Streitereien dürften mit der Grund dafür gewesen sein, warum Louise Elisabeth, soweit dies noch nachprüfbar ist, ihren Mann in diesem Krieg fast ständig begleitete. Daneben wird sie aber auch versucht haben, ihn aus dem Militärdienst und auf die heimischen Güter zu ziehen, wie sie es bereits im Frühjahr 1675 gemeinsam mit den homburgischen Räten versucht hatte.

Ende 1676 mussten die brandenburgischen Soldaten weit im Süden, in Thüringen und Sachsen, ihre Winterquartiere beziehen, da Brandenburg, Mecklenburg und Pommern zu ausgelaugt und eine Versorgung des Militärs und der Pferde damit nicht gewährleistet waren. Da es sich offiziell um einen Reichskrieg gegen Schweden handelte, waren die betroffenen Territorien eigentlich verpflichtet, Quartiere zur Verfügung zu stellen. Indes kam es vielerorts zu erheblichem Widerstand der Zivilbevölkerung und die Soldaten wurden von einem Ort in den nächsten geschoben. Auf die dringenden Bitten Homburgs beschwerte sich noch Anfang März 1677 Derfflinger beim Kurfürsten und mahnte eine Änderung der Einquartierungspraxis an, „falls das Volk [gemeint war natürlich das Kriegsvolk] nicht gänzlich crepieren und zu Grunde gehen soll." Genutzt hat es wohl wenig.

Im nächsten Sommer zog Homburg mit seinen Männern dann wieder nach Norden, vor das schon seit der Jahreswende eingeschlossene Stettin. Der Kurfürst rückte ebenfalls an und brachte weit über 100 neue Geschütze mit, die über den Winter neu gegossen worden waren. Es wurde eine zermürbende und langfristige Belagerung. Die ersten Versuche, die Stadt im Sturm zu nehmen, scheiterten viermal blutig. Bereits am 6. August waren alle Gebäude der Stadt abgedeckt, viele verbrannt. Die Schweden wehrten sich dennoch weiter – über lange Monate hinweg. Ein anrückendes schwedisches Entsatzheer konnte im Oktober abgewehrt werden und im November begannen die Brandenburger schließlich die Festungswerke mit Stollen zu unterminieren,

Bildteppich mit der Belagerung von Stettin durch die Brandenburger im Jahre 1677.

um Breschen in die Anlagen zu sprengen. Bei einer dieser Unternehmungen wäre der Homburger fast mit in die Luft geflogen.

Seine Frau hatte ihn auch in diesem Jahr wieder ins Feldlager begleitet und wird vermutlich einmal mehr versucht haben, ihn zum Abschied vom Militär zu bewegen. Ob und welchen Eindruck die durch eine in unmittelbarer Nähe abgefeuerte Kanone ausgelöste Fehlgeburt der Landgräfin auf den Landgrafen machte, ist nicht bekannt. Aber das Leben im Feldlager hatte auch seine gesellschaftlichen Facetten und am 13. November sowie am 8. Dezember gab Homburg Soupers für die kaiserlichen und polnischen Gesandten, die zur Besichtigung der Belagerung angereist waren. Louise Elisabeth dürfte dabei die Rolle der Gastgeberin übernommen haben. Endlich, kurz bevor die Brandenburger zum Generalsturm ansetzten, kapitulierte die von 4.000 auf 300 Mann zusammengeschmolzene schwedische Besatzung am 14. Dezember.

Schon zehn Tage später beorderte der Kurfürst den Landgrafen mit mindestens sechs Regimentern nach Ostpreußen, da er einen schwedischen Einfall in das Herzogtum befürchtete. Da der Kurfürst ein vergleichsweise gemächliches Marschtempo von zwei Meilen pro Tag, also rund 14 Kilometer, und jeden dritten Tag einen Rasttag anordnete, dürfte er die schwedische Gefahr jedoch nicht besonders hoch eingeschätzt haben. Es bieten sich daher noch mindestens zwei weitere plausible Erklärungsmöglichkeiten für diese Abordnung Homburgs an. Zum ersten konnte man die ganzen Truppen nicht im zerstörten Stettin bzw. in dessen ausgezehrtem Umland in Winterquartiere legen. Zum zweiten war die Stimmung zwischen den brandenburgischen Generälen, dem Kurfürsten und Landgraf Friedrich nicht die beste und man wollte ihn möglichst rasch auf Distanz wissen. Möglicherweise spielten alle genannten Gründe zusammen. Auf jeden Fall wird Friedrich diesem Befehl nur allzu gerne Folge geleistet haben. Er verschaffte ihm ein eigenes Kommando und vor allem brachte es ihn und seine weiterhin mitreisende Gattin näher an deren kurländische Heimat heran. Dies war hochwillkommen, hatte sich der Landgraf doch bereits im April und Mai 1677 preußische und polnische Pässe besorgt, um in Mitau den Erbforderungen seiner Gemahlin und seinen eigenen Geldforderungen Nachdruck zu verleihen.

Mitte Februar 1678 trafen die Regimenter Homburgs in Preußen ein und bezogen im Osten des Landes im Umland von Tilsit, Goldap, Ragnit und Insterburg Quartiere. Als nun der schwedische Einfall tatsächlich ausblieb, nutzte der Landgraf im Mai 1678 die ruhige Lage und reiste gemeinsam mit Louise Elisabeth von seinem Hauptquartier in Insterburg in das rund 300 Kilometer entfernte Mitau, wie in einem Schreiben des Statthalters in Preußen, Bogislaw von Croy (1620–1684), beiläufig erwähnt wird. Offensichtlich war die Mission zumindest ein Teilerfolg, denn Schwiegervater und Schwager unterzeichneten am 12. Juni die Versicherung, dass man die mittlerweile auf 102.580 Reichstaler angewachsene Summe ausstehender Ehe- und Paraphernalgelder mit 10.000 Reichstalern pro Jahr abtragen wolle.

Nach ihrem Besuch in Mitau im Juni 1678 zog das Ehepaar wieder Richtung Westen, zunächst nach Königsberg in Preußen. Dort traf bald der Befehl des Kurfürsten ein, sich wieder auf den Kriegsschauplatz nach Pommern zu begeben. Am 12. August brachen die Regimenter auf und verstärkten die brandenburgischen Belagerungstruppen vor dem schwedischen Stralsund. Unterwegs spornte der Kurfürst den Landgrafen mit einem geplanten Angriff auf Rügen an. Der Kurfürst ging davon aus, dass Homburg Tag und Nacht marschieren und „keine Minute verabsäumen" werde, „umb an dieser glorieusen Aktion beizuwohnen". Stattdessen blieb dem Homburger Kontingent die Aufgabe überlassen, die schwedische Besatzung von Stralsund weiter zu beschäftigen, während die übrigen brandenburgischen Truppen Rügen eroberten. Ein konkreter Grund für diese vermeintliche Hintansetzung ist nicht bekannt. Vielleicht waren die Soldaten des Landgrafen vom Marsch aus Preußen zu erschöpft, vielleicht blieb Homburg wegen seiner angeschlagenen Gesundheit im Lager vor

Stralsund, vielleicht gab er dem Drängen seiner Gemahlin nach, sich von allzu riskanten Aktionen fernzuhalten. Indes war auch die Situation vor Stralsund nicht ungefährlich. Am 14. September verlor der Homburger in einem Gefecht immerhin auf einen Schlag 260 Mann, darunter einige Offiziere, als Gefangene an die Schweden. Als der Kurfürst davon am nächsten Tag erfuhr, war er nicht gerade entzückt und ließ einen deutlichen Tadel los. Rund zwei Wochen später brachte ein Streit wegen nachlässiger Fouragiermethoden mit dem Kurfürsten und dem alten Derfflinger, sonst eher einer der Fürsprecher Homburgs, das Fass zum Überlaufen und Friedrich nahm auf der Stelle seinen Abschied. Ein außerordentlich versöhnliches Schreiben des Kurfürsten konnte am nächsten Tag zwar die Wogen noch einmal glätten. Allerdings legt die Formulierung, dass sich „das übrige schon alles zu beiderseitig Vergnügung finden" wird, die Vermutung nahe, dass es nur noch um die Herstellung eines einvernehmlichen Trennungsmodus ging. Nach dem Besuch der kurfürstlichen Tafel, zu der Homburg mit diesem Brief gleichzeitig eingeladen wurde, zeigte er sich „vollständig mit S[eine]r. Kurfürstlichen Durchlaucht ausgesöhnt". An den Kampfhandlungen der nächsten Tage nahm er auch noch teil, mit der Übergabe Stralsunds am 15. Oktober endeten jedoch die aktiven Militärdienste des Landgrafen für den Großen Kurfürsten endgültig. Seine Bestallung blieb formal bestehen und Friedrich führte weiterhin die Rangbezeichnung eines „Kurfürstlichen Brandenburgischen über die Kavallerie bestellten Generals", ab 1701 sogar als „Königlicher Preußischer über die Kavallerie bestellter General".

Im darauf folgenden Jahr 1679 versuchte Herzog Jakob erneut, sich um die vereinbarten Zahlungsverpflichtungen zu drücken. Am 5. April berichtete der homburgische Rat Wippermann aus Ruzau in Kurland, dass ihm vom Herzog die Einsetzung in den Pfandbesitz der Ämter, die zur Begleichung der Forderungen vorgesehen waren, verweigert wurde. Von Breslau aus kündigte Friedrich daraufhin am 13. Juni eine erneute Reise nach Kurland an. Ob sie tatsächlich stattfand oder ob die Drohung genügte, ist unbekannt. Auf jeden Fall wurde am 25. Juni 1679 das Erbe der Herzogin geteilt, der Geldstrom aus Kurland begann langsam zu sickern und sicherte den nächsten Lebensabschnitt des 46-jährigen Landgrafen und Vater von mittlerweile sechs Kindern zusätzlich ab.

VII. Heimkehr – Regent und Landesvater

Es waren unterschiedliche Umstände, die im Laufe der letzten Jahre zu Landgraf Friedrichs Entscheidung führten, den Reitersäbel mit dem Regentenstab zu vertauschen. Gesundheitliche Probleme, die von seiner Amputation und anderen Verletzungen herrührten, spielten dabei eine Rolle; körperliche Ermüdung nach jahrelangen Feldzügen kam hinzu. Die wohl latent bestehenden Spannungen zwischen ihm und dem Großen Kurfürsten, die wiederholt in Streit eskalierten, und die zunehmende Gegnerschaft in Berlin – Friedrich sprach ironisch von seinen „Wohlgönnern" – machten eine Etablierung des Landgrafen am Berliner Hof unwahrscheinlich. Der Konflikt mit dem Kurfürsten um Abgaben aus dem Amt Weferlingen hatte dem Landgrafen wohl auch denkbar deutlich gezeigt, dass er als Grundbesitzer, ja sogar als Stadtherr in Neustadt an der Dosse, im Grunde trotzdem nicht mehr als ein Lehnsmann und Untertan des Onkels seiner Frau blieb. Für Friedrich, der sich als selbstbestimmter und selbstbestimmender Barockfürst sah und verstand, war dies auf Dauer keine annehmbare Perspektive. Damit war für ihn im Grunde auch ein „Ruhestand" als brandenburgischer Junker in Weferlingen von vornherein unmöglich.

Entscheidend für die Rückkehr und den dauerhaften Verbleib des Homburgers an seinem Geburtsort für seine fast noch drei Jahrzehnte währende Lebenszeit dürfte allerdings der bereits erwähnte dynastische Zufall gewesen sein. Von den zwölf Kindern seines ältesten Bruders Wilhelm Christof überlebten nur die beiden Töchter, während die zehn Söhne alle vor dem Vater, meist bereits als Kleinkinder, verstarben. Die Ehe des zweitältesten Bruders Georg Christian blieb hingegen gänzlich kinderlos. Der älteste Bruder lebte zwar noch bis 1681, hatte aber Homburg bereits 1669 an Georg Christian verkauft, der es 1671 wiederum verpfändet hatte, unter anderem an die ältere Linie in Darmstadt. Nach dessen Tod 1677 waren die Homburger Räte und seine Familie wiederholt an Friedrich herangetreten und hatten ihn gleichsam zur Übernahme der Regentschaft eingeladen. Dies erforderte freilich das nötige Geld zur Einlösung der Pfandsumme. Genau dieses Geld war nun durch die Zahlungen aus Kurland bzw. die Erlöse aus Handelsgeschäften mit dem Schwiegervater und nach dessen Tod mit dem Schwager vorhanden. „Wir können wohl davon ausgehen", so Jürgen Rainer Wolf, „daß es diese Einnahmen aus Kurland waren, die den Landgrafen zur Durchführung seiner umfangreichen Meliorations- und Baumaßnahmen befähigten."

Die Übernahme der Regierung in Homburg war jedoch auch von der Einwilligung der älteren Darmstädter Linie abhängig, nicht nur weil sie Gläubiger war, sondern vor allem weil Hessen-Homburg nicht souverän war und nach wie vor als apanagierte Nebenlinie galt. Auch hier sollte der dynastische Zufall zum Vorteil Homburgs wirken. Friedrichs streng lutherischer Großvetter Ludwig VI. war am 24. April 1678 in Darmstadt verstorben. Er hinterließ seine Witwe Elisabeth Dorothea (1640–1709) mit sieben minderjährigen Kindern. Der Nachfolger und Sohn aus erster Ehe, Ludwig VII. (1658–1678), sollte ihm allerdings bereits am 31. August des gleichen Jahres ins Grab folgen. Das bedeutete, dass nun Elisabeth Dorothea für ihren erst zehnjährigen ältesten Sohn, Ernst Ludwig (1667–1739), die Regentschaft übernahm. Dies musste sie jedoch gegenüber Friedrich und Wilhelm Christof von Hessen-Homburg durchsetzen, die sofort versuchten, die Regentschaft über ihren Großneffen zu erlangen – nicht ganz ohne Berechtigung, waren sie damals doch die einzigen volljährigen männlichen Mitglieder der weiteren Darmstädter Landgrafendynastie. Vermutlich als Gegenleistung für den Verzicht der Homburger Brüder auf dieses Ansinnen signalisierte Elisabeth Dorothea am 3. März 1679 ihre Bereitschaft, das Amt Homburg herauszugeben, vorausgesetzt die Schuldverschreibungen Georg Christians würden eingelöst.

Nun intensivierten sich die Verhandlungen, fanden aber erst nach dem Tod Wilhelm Christofs am 27. August 1681 einen endgültigen Abschluss. Die Homburger Brüder führten zunächst die ausstehenden Apanagezahlungen aus Darmstadt gegen die Forderungen der Gläubiger ihres Bruders ins Feld. Letztlich nicht ohne Erfolg, denn am 8. November 1681 kam ein Vergleich zustande, in dem die Darmstädter Regentin sich verpflichtete, die auf dem Amt Homburg noch lastende Pfandsumme von 25.000 Reichstalern an den letzten Gläubiger, den Mainzer Domherrn Philipp Wilhelm von Boyneburg, zu zahlen, um damit die Forderungen der jüngeren Linie zu befriedigen. Das von Friedrich geforderte Amt Bingenheim konnte er allerdings für Homburg nicht sichern und es fiel gänzlich an die Darmstädter Linie zurück. Die Streitigkeiten um bestimmte Hoheitsrechte sollten indes in den kommenden Jahrzehnten immer wieder aufflackern.

Schon im Herbst 1679 verlegten Friedrich und seine Familie ihren Wohnsitz nach Homburg. Anders als in der älteren Literatur öfters zu lesen, war Weferlingen aber noch über Jahre hin der regelmäßige Zweitwohnsitz des Landgrafenehepaares. Dafür waren drei Gründe ausschlaggebend. Zunächst bildeten die sogenannten „niederen Ämter" in Brandenburg und im Halberstädtischen mit mehr als 10.000 Einwohnern und zahlreichen gewerblichen Produktionsstätten den wirtschaftlichen Schwerpunkt innerhalb des homburgischen Gesamtbesitzes. Zudem machte der weitgehende Abriss der mittelalterlichen Burg für den Schlossneubau einen Aufenthalt des vielköpfigen Haushaltes und der kinderreichen Familie zunächst unmöglich. Darüber hinaus erforderten Geldgeschäfte und Verpfändungen immer wieder die Anwesenheit des Landgrafen in Weferlingen.

Friedrich stürzte sich mit großer Unternehmungsfreude und Energie auf seine neuen Aufgaben als Landesherr. Abgesehen von den quantitativen Unterschieden lagen seine Tätigkeitsfelder in den gleichen Bereichen, in denen sich auch die regierenden Fürsten der größeren Territorien bewegten. Neben der für die Fürsten der Barockzeit charakteristischen Bauwut – die Zeitgenossen sprachen vom „bauwurmb" –, die im nächsten Kapitel gesondert beschrieben wird, waren dies vor allem der Ausbau eines Verwaltungsapparates, die Hebung der wirtschaftlichen Leistung des Territoriums, die Entwicklung einer eigenen Geld- und Münzpolitik sowie die Schaffung eines territorialen Kirchen- und damit verbundenen Schulwesens. Es liegt auf der Hand, dass die Grenzen hier fließend waren und die Bereiche weder sachlich noch personell strikt getrennt betrachtet werden können.

Der Ausbau eines Verwaltungsapparates unter der Regierung des Landgrafen Friedrich folgte dem unter seinem Vater vorgezeichneten Weg. Eine kleine Gruppe von Beamten und Vertrauten führte die Verwaltung und die Administration des kleinen Territoriums und der landgräflichen Betriebe. Eine Unterscheidung zwischen „staatlichem" Besitz und Privateigentum wurde demnach nicht gemacht. Kennzeichnend in der Personalpolitik war der Umstand, dass man wiederholt auf landfremde Berater und Beamte zurückgriff. Dieses Phänomen ist im Übrigen auch bei den unter Friedrich II. eingestellten Theologen, Handwerkern und Künstlern zu beobachten, die er entweder von Weferlingen oder aus dem „Ausland" nach Homburg holte. Dies mag zum einen an dem deutlich eingeschränkten Reservoir an qualifiziertem Personal im eigenen Land gelegen haben, zum anderen aber vor allem daran, dass man Landfremde in ein unmittelbares Dienstverhältnis zur eigenen Person stellen konnte und diese, zumindest anfangs, keine eigenen oder Familieninteressen vor Ort verfolgten. An erster Stelle ist hier Eitel Wilhelm von Geismar zu nennen, der aus einer in Waldeck und in Westfalen begüterten Adelsfamilie stammte. Die Mutter des Landgrafen hatte ihn schon vor 1642 als Hofmeister für die Landgrafenprinzen bestellt. Mit ihnen reiste Geismar auch auf die dänische Ritterakademie in Sorö. Später diente er noch Jahrzehnte weiter als Hofmeister, Berater und Gesandter der Homburger Landgrafenfamilie, unter anderem auch bei Friedrichs Verhandlungen um das kurländische Erbe.

Bei den Versuchen zur Hebung der wirtschaftlichen Leistungen des Territoriums bediente sich Landgraf Friedrich einer ganzen Reihe von auswärtigen Beratern. Die alle anderen überragende Gestalt ist hierbei der Alchemist, Techniker und spätere Baumeister des Homburger Schlosses, Paul Andrich. Er stammte wahrscheinlich aus Sachsen und tauchte in den 1670er-Jahren in den Diensten des Landgrafen auf. In dessen Bergwerks- und Hüttenbetrieben, Mühlen und Manufakturen in den niederen Ämtern wirkte er geradezu als Allroundgenie. Vermutlich 1679 schickte ihn der Landgraf erstmals nach Homburg. Hier sollte er den Neubau des Schlosses planen und vorbereiten. Für die gewerbliche Entwicklung Homburgs waren seine Beteiligung an der Entwicklung der Glashütte und vor allem an der Saline von zentraler Bedeutung.

Noch zu Lebzeiten seines Bruders – im Jahre 1681 – hatte Friedrich den italienischen Glasmacher Giacomo Bernardo Scapitta nach Homburg geholt und mit der Leitung der neu zu errichtenden Glashütte betraut. Scapitta war eine schillernde Persönlichkeit mit bewegter Biografie. Eigentlich war er ein italienischer Mönch, er hatte sich allerdings schon seit rund zehn Jahren unter anderem in Frankreich, den Niederlanden, Schweden und dem damals holsteinischen bzw. dänischen Altona mit der Glasmacherei beschäftigt. Die Glasmacherei, nicht anders als die Porzellanherstellung, bewegte sich damals im Umkreis der Alchemie und Goldmacherei, wobei die Grenze zwischen seriöser Technik und Wissenschaft zu Scharlatanerie und Betrügerei fließend war. Das Projekt einer Glashütte war 1680 von Friedrich und Andrich erstmals erwähnt worden. Im Mai 1681 nahm der Italiener zunächst Wohnung im entstehenden Schloss und besprach die einzuleitenden Schritte zum Bau einer Glashütte mit Andrich. Ein entsprechendes Gebäude entstand an der Ostseite der Stadtmauer, das jedoch eher einer Versuchsglashütte mit Wohnung des Hüttenmeisters als einer wirklichen Produktionsstätte glich. Spätestens im Frühjahr 1684 verschwand Scapitta aus Homburg, nachdem sich die Ergebnisse seines Tuns als recht bescheiden erwiesen hatten.

Landgraf Friedrich ließ sich indes davon nicht entmutigen und reiste vom 8. Mai bis 10. August 1685 unter anderem nach Frankreich, um in Paris die Spiegelmanufaktur in der Faubourg St. Antoine und die Glashütte in St. Cloud zu besuchen. Die Dimensionen dieser französischen Betriebe und vor allem deren Bedarf an Rohstoffen mussten Friedrich zu der Entscheidung geführt haben, die Glashütte in Homburg ganz zu schließen und sich diesbezüglich mit den entsprechenden Betrieben in Neustadt an der Dosse und Oebisfelde zu begnügen, die durchaus mit einigem Erfolg arbeiteten. Tatsächlich bot die kleine Einrichtung in Homburg keine Expansionsmöglichkeiten und für einen größeren Neubau und einen Hüttenbetrieb in größerem Maßstab hätten die Holz- und Rohstoffressourcen des kleinen Territoriums wohl kaum gereicht. Darüber hinaus plante Friedrich damals bereits die Errichtung der Neustadt, die östlich an die bestehende Altstadt anschließen sollte. Ein weiterer Hüttenbetrieb hätte bei den vorherrschenden Westwinden zu einer erheblichen Rauchbelästigung geführt. Bereits 1686 wurde daher die Glashütte abgerissen. An ihrer Stelle entstand unter Friedrichs Nachfolger die 1738 eingeweihte Stadtschule (heute Schulberg 1). Binnen weniger Jahre waren dennoch eine ganze Reihe von spezialisierten Glashandwerkern, meist aus Frankreich und Italien, nach Homburg gekommen, die später teilweise in den landgräflichen Betrieben in den niederen Ämtern Verwendung fanden. Zwar steht fest, dass in den wenigen Jahren des Betriebes der Homburger Glashütte kein finanzieller Gewinn erwirtschaftet werden konnte, dafür konnten aber durchaus qualitätsvolle Gläser auf der Höhe der Zeit hergestellt und wichtige Verfahrenstechniken entwickelt und erprobt werden.

Das wichtigste und gleichzeitig finanziell ertragreichste Projekt, das der Landgraf gemeinsam mit Andrich umsetzte, war zweifellos die Homburger Saline, das Salzwerk. Hier profitierten die Unternehmer von den günstigen Standortvorteilen, denn Salz war in dem sonst armen Ländchen in Form von Solequellen, die ja an vielen Stellen rund um die Wetterau zutage treten, reichlich vorhanden. In der Gemarkung des Dorfes Gonzenheim, einen guten Kilometer südöstlich der Homburger Altstadt gelegen, wurden die Salzquellen bereits seit längerer Zeit genutzt. Der Vater, Friedrich I., hatte diese Quellen an die Rentmeisterfamilie der Krug zu Nidda verliehen. Wie so vieles, war allerdings auch dieser Betrieb im Laufe des Dreißigjährigen Kriegs geschlossen worden und kam danach nicht mehr in Schwung. Zu Recht sahen Friedrich und Andrich hier die realistische Möglichkeit, einen wichtigen Rohstoff, Lebensmittel und vor allem Konservierungsstoff zu gewinnen.

Unmittelbar nach seiner Ankunft in Homburg machte sich Andrich ans Werk. Zunächst wurden drei Quellen gefasst, um die Sole vor Verdünnung und Verunreinigung durch Grund- bzw. Oberflächenwasser zu schützen. Diese Quellen existieren unter anderem Namen noch heute: die obere (Ludwigsquelle), die mittlere (Kaiserquelle) und die unterste Quelle (Elisabethenquelle). Die Sole wurde in eisernen, teilweise in tönernen Röhren zu den insgesamt neun Gradierwerken geleitet. Nachdem sie durch Verdunstung die entsprechende Konzentration erreicht hatte, verdampfte man das restliche Wasser in drei holzbefeuerten Sudpfannen, die zurückbleibenden Salzbarren wurden anschließend in der Solemühle gemahlen. Der Erfolg dieses Betriebes ist aus den teilweise überlieferten Salzrechnungen ablesbar. Alleine in der Zeit vom April bis zum Dezember 1690 wurde Salz im Wert von 4.250 Gulden produziert und zwischen 1693 und 1702 konnten insgesamt 15.952 Gulden eingenommen werden. Der Reinerlös dürfte sich um die 10.000 Gulden bewegt haben. Ganz in merkantilistischer Manier erließ der Landgraf am 29. April 1692 eine Monopolverordnung, die unter anderem die Einfuhr fremden Salzes in die Landgrafschaft unter Strafandrohung verbot. Das heißt, seine Untertanen waren gezwungen, das Salz aus der landgräflichen Saline zu dem vom Landgrafen festgesetzten Preis zu kaufen. Bei Knappheit an Bargeld zögerte Friedrich auch nicht, ausstehende Rechnungen oder Löhne in Salz zu zahlen.

Im Vergleich zur Glasproduktion wurde bei der Salzherstellung zwar weniger Holz verbraucht, doch der Bedarf war immer noch beträchtlich. In einer Zeit, in der das Holz wichtigster Energielieferant vieler Gewerbe, Handwerke und der privaten Haushalte war und darüber hinaus als Baustoff und Material für Werkzeuge, Geschirr und Schuhe diente, musste ein punktuell plötzlich steigender Bedarf zu erheblichen Verwerfungen führen. Die Untertanen bezogen das meiste Holz nicht aus ihren privaten Wäldern oder Gemeindeforsten, sondern aus dem sogenannten Markwald, den ausgedehnten Waldungen südwestlich und nördlich von Homburg. Die Wälder wurden von den Bewohnern unterschiedlicher Gemeinden gemeinsam genutzt. Als „Waldbot" war der Landgraf zwar so etwas wie der Vorsitzende der Märkergenossenschaft, aber – wenn man so will – nur als Primus inter Pares. Für einen Barockfürsten wie Friedrich war es aber selbstverständlich unmöglich, unter den bäuerlichen Untertanen als Gleicher unter Gleichen zu walten. Dementsprechend selbstherrlich verfuhr er auch in der Waldnutzung. Ohne die Märkergenossenschaft auch nur zu informieren, ließ er Bauholz und vor allem beträchtliche Mengen von Brennholz für die Salzsode und die Glashütte einschlagen, ganz so, als sei der Forst sein Privateigentum. Dies sorgte nicht nur bei den eigenen Untertanen für böses Blut, sondern rief auch die Obrigkeiten der nicht homburgischen Markgenossen auf den Plan und führte zu langwierigen und zähen Streitereien. Königstein, Kronberg, Solms, Reiffenberg, Hanau und selbst Kurmainz und die Reichsstadt Frankfurt klagten immer wieder wegen der „Verwüstung und Ruinirung der Mark". Es waren nicht zuletzt diese zermürbenden, alltäglichen Auseinandersetzungen, die den Landgrafen schließlich zum Rückzug aus den Regierungsgeschäften bewogen.

Ein wichtiges Merkmal für eine sichtbare Eigenstaatlichkeit war die Entwicklung einer eigenen Geld- und Münzpolitik. Dabei ging es besonders für die kleineren Territorialfürsten nur in zweiter Linie um die aus der eigenen Münzprägung fließenden wirtschaftlichen Vorteile. An vorderster Stelle war die Erlangung der Münzhoheit eine Frage der Reputation und vor allem boten die Münzen, waren sie doch in jedermanns Hand, ein wichtiges Medium der Bildpropaganda der Fürsten. Es dürfte kein Zufall sein, dass wohl jede damalige fürstliche Sammlung auch ein Münzkabinett, also eine Münzsammlung enthielt, und die Münzen der römischen Imperatoren wichtige Vorbilder, besonders in der Darstellung des Herrscherporträts auf der Münzvorderseite, lieferten. Auf der Rückseite fanden sich das Landeswappen, allegorische Darstellungen mit Sinnsprüchen oder dem persönlichen Motto des Fürsten und ähnliches mehr.

Wie bereits oben erwähnt, hatte schon der Bruder Friedrichs, Georg Christian, in den Jahren 1668/69 eine diplomatische Initiative gestartet, um von Kaiser Leopold I. ein Münzprivileg zu erhalten und sich selbiges von den

Münze mit Porträt des Landgrafen Friedrich und Motto, vor 1690.

Kurfürsten als Führern des Rheinischen Münzvereins bestätigen zu lassen. Georg Christian berief sich dabei unter anderem auf die Nutzung der im Krieg verfallenen Bergwerksbetriebe in den Ämtern Bingenheim und Homburg. Dieser Vorstoß rief selbstverständlich sofort den Darmstädter Vetter auf den Plan, der darin eine gravierende Beeinträchtigung seiner Hoheitsrechte über Hessen-Homburg sah. Georg Christian bewies jedoch mehr diplomatisches Geschick als der Darmstädter und konnte in Wien und Mainz wohl auch seinen Katholizismus in die Waagschale werfen. Allerdings hielten ihn seine finanziellen Schwierigkeiten doch davon ab, das 1670 tatsächlich erlangte Münzprivileg auch zu nutzen.

Damit war aber eine juristische Tatsache geschaffen worden, an die Friedrich anknüpfen konnte. Ungeachtet des Protestes aus Darmstadt und der fortwährenden Streitigkeiten um die Souveränitätsfrage begann Friedrich ab 1690 eigene Silber- und sogar Goldmünzen zu prägen. Zu diesem Zweck beschäftigte er den in Friedberg ansässigen Unternehmer und Münzmeister Johann Reinhard Arnold, der auch in Diez, Hohensolms und Büdingen Prägestätten unterhielt. In Homburg befand sich die Münzstätte höchstwahrscheinlich im Schloss. Nachdem die ersten Homburger Münzen in Umlauf gekommen waren, änderte der mittlerweile volljährig gewordene Darmstädter Landgraf Ernst Ludwig seine Strategie. Statt weiterhin einen Rechtsstreit zu führen, dessen Ausgang ungewiss und vor allem dessen Ende in unbestimmter Zukunft lag, ließ er im Dezember 1692 kurzerhand den Münzmeister, dessen Bruder und einen Gehilfen vom Amtmann in Rossbach festnehmen und in der Festung Gießen unter Arrest stellen. Wie nicht anders zu erwarten, protestierte Friedrich gegen diesen Schritt und berief sich bemerkenswerterweise nicht auf das Münzprivileg seines Bruders von 1670, sondern auf den Rezess von 1622, in dem, so seine Argumentation, das Münzrecht nicht unter den Reservatrechten genannt sei, also jenen Rechten, die sich die ältere Darmstädter Linie vorbehalten hatte. Damit machte er diesen Fall gleichsam zu einer Grundsatzentscheidung über die Qualität der Homburger Eigenstaatlichkeit. Diese Botschaft wurde in Darmstadt wohl verstanden und Ernst Ludwig antwortete, dass der Münzmeister und seine Gehilfen „Instrumente zu einem Unserem regierenden Fürstl. Hause hoch präjudicirlichen attentat" seien. Friedrich zog daraufhin sogar seine paar Soldaten zusammen und drangsalierte die Darmstädter Untertanen in Rossbach. Es sah kurz danach aus, als würde es zu einem regelrechten Operettenkrieg kommen. Indessen ließ Ernst Ludwig die Gefangenen unter der Zusage frei, dass sie sich in Zukunft nicht mehr an unberechtigten Münzprägungen beteiligten.

In der Folge startete man von Homburger wie von Darmstädter Seite erfolglose Versuche, einen definitiven Rechtsentscheid beim Reichshofrat oder durch einen kaiserlichen Kommissar zu erlangen. Im Ergebnis muss man jedoch feststellen, dass sich mittelfristig Darmstadt durchsetzte und Friedrich II. seine Münzprägung aufgab. Allerdings ging der Streit noch einige Jahre weiter; Ernst Ludwig warf Friedrich vor, geringwertige Münzen auszugeben, umgekehrt lautete der Vorwurf, die ausstehenden Darmstädter Deputatgelder würden öfters nicht in vollwertigen Sorten ausbezahlt. Im Kern, und darauf kommt es an, ging es jedoch immer um die abstrakte Souveränitätsfrage, die hier im Bereich der Münzprägung im Wortsinne handgreiflich und anschaulich ausgefochten wurde. Dies sollte sich erst lange nach dem Tod Friedrichs ändern, als der 1768 zwischen seinem Urenkel Friedrich V. (1748–1820) und dem Sohn Ernst Ludwigs, Ludwig VIII. (1691–1768), geschlossene Vertrag, der sogenannte Hauptvergleich, das Verhältnis der beiden Linien neu regelte und damit die alten fast anderthalb Jahrhunderte währenden Streitigkeiten beigelegt werden konnten. Diese Vereinbarung wurde knapp drei Wochen nach Vertragsabschluss mit der Heirat Friedrichs V. mit der Enkelin Ludwigs VIII., Karoline (1746–1821), auch auf eine dynastische Grundlage gestellt.

Auf einem anderen Tätigkeitsfeld landesherrlicher Politik war Friedrich bedeutend erfolgreicher und zwar bei der Schaffung eines territorialen Kirchenwesens, also einer eigenen Landeskirche. Dieses Feld war hochgradig brisant, denn durch die Konkurrenz, ja zeitweise erbitterte Feindschaft zwischen der streng lutherischen Darmstädter und der reformierten Kasseler Linie bewegte sich Friedrich hier auf vermintem Gelände. Der Ablauf und die Bedeutung der Ansiedlung von Glaubensflüchtlingen werden noch in einem eigenen Kapitel behandelt. An dieser Stelle soll nur die Bedeutung dieses Vorganges für die Qualität der „Landesherrschaft" Friedrichs erwähnt werden. Selbstverständlich ging es auch hier um die Souveränitätsfrage, war doch das sogenannte landesherrliche Kirchenregiment, gleichsam die Herrschaft über den Glauben der Untertanen, ein zentrales Merkmal fürstlicher Souveränität, das im Augsburger Religionsfrieden gesetzlich verankert und im Westfälischen Frieden 1648 mit bestimmten Schutzvorkehrungen für die Untertanen bestätigt worden war.

Die rechtliche Grundlage für das Handeln Friedrichs im Bereich der Kirchenpolitik bildete selbstverständlich auch der Erbvertrag von 1622. In den meisten Streitfällen, die sich aus der unterschiedlichen Auslegung dieses Vertrages ergaben, behaupteten die Darmstädter, alle Rechte, die nicht ausdrücklich an Homburg abgetreten worden waren, verblieben automatisch bei der Stammlinie. Die Homburger hielten genau das Gegenteil für gegeben und beanspruchten alle Rechte, die im Vertrag nicht ausdrücklich für Darmstadt reserviert worden waren. Im kirchlichen Bereich waren die Bestimmungen indes recht eindeutig. In § 1 wird ausdrücklich festgelegt, dass die Homburger Pfarrer und Lehrer die Darmstädter Synoden aufzusuchen hätten und vor allem, dass die neu einzustellenden Pfarrer und Lehrer durch die Darmstädter Geistlichkeit unter Führung des Superintendenten examiniert und eingesetzt werden sollten. Der „Hoff=Prediger aber, den Se. Lbdl. über die Anzahl der andern Prädicanten halten, der soll an diese Examination oder Confirmation, wie auch Erscheinung bey den Synodis nicht gebunden seyn." Das heißt einerseits, dass der Konfessionsstand Homburgs an Darmstadt gebunden und die Geistlichkeit Teil der hessen-darmstädtischen Landeskirche war, und andererseits, dass der Hofprediger in Homburg nur dem Landgrafen unterstand und von diesem nach Gutdünken bestellt werden konnte. Genau hier setzte Friedrich II. an und machte seinen Hofprediger Johann Balthasar Knabenschuh, der 1681 von Weferlingen nach Homburg gekommen war, auch zum Betreuer der kleinen reformierten Stadtgemeinde, die sich meist aus Angehörigen des Hofstaates und landgräflichen Beamten zusammensetzte. Für die Gemeinden der seit 1685 einwandernden Hugenotten und Waldenser, also der Homburger Neustadt, Friedrichsdorfs und Dornholzhausens, wurden sukzessive auch eigene Prediger bestellt, was selbstverständlich in Darmstadt nicht ohne Proteste hingenommen wurde. In Homburg argumentierte man dagegen und behauptete, die darmstädtischen Reservatrechte würden sich nur auf den Bestand der Landgrafschaft im Jahre 1622 beziehen. Bei den neuen Orten handele es sich hingegen um Neuerwerbungen oder „meliorationes" (Verbesserungen) und die Bewohner seien durch den Huldigungseid allein Untertanen des Homburger Landgrafen und damit auch dessen eigenem Kirchenregiment unterworfen. Damit waren die bescheidenen Voraussetzungen für die Entstehung einer eigenen reformierten Landeskirche in Hessen-Homburg geschaffen. Zunächst bestand seit 1685 neben der Hofpredigerstelle nur die Pfarrstelle der Stadtgemeinde, die ab 1687 auch Friedrichsdorf zu betreuen hatte. 1699 erhielt Dornholzhausen einen eigenen Prediger. Anfang des 18. Jahrhunderts schuf man schließlich die Stelle eines zweiten Hofpredigers, der ebenfalls die Stadtgemeinde betreute. Der erste trug seit diesem Zeitpunkt den Titel eines Oberhofpredigers oder Kirchenrates. Er war in Zukunft das geistliche Oberhaupt der kleinen Landeskirche, setzte die reformierten Pfarrer ein und präsentierte sie in den Gemeinden. Unter Friedrichs Sohn und Nachfolger entstand 1715 das reformierte Konsistorium. Diese Kirchenpolitik war selbstverständlich wenig geeignet, das angespannte Verhältnis zu den Darmstädter Vettern zu normalisieren.

Zu Ende des 17. Jahrhunderts entluden sich die angestauten Spannungen doch noch in einem Operettenkrieg mit langwierigen gerichtlichen Folgen. In erster Linie ging es erneut um Souveränitätsfragen, hinter denen sich freilich die strittigen Geldangelegenheiten verbargen. Angeheizt wurde die Kontroverse durch die Kirchenpolitik des Homburger Landgrafen. In den Kasseler Akten, die heute im Staatsarchiv in Marburg lagern, ist der Hinweis überliefert, dass Friedrich 1698 den Vorschlag machte, das Reichskammergericht im Falle seiner Verlegung von Wetzlar nach Homburg zu holen. Die Wachstumsimpulse durch das höchste Gericht im Alten Reichs mit seinem zahlreichen Personal wären für die kleine aufstrebende Residenzstadt kaum zu überschätzen gewesen. Der Vorschlag wurde indes sofort vom Darmstädter Vetter torpediert, da man sich mit dem Reichskammergericht „die Catholische Religion" ins Land geholt hätte. Bekanntlich kam es nicht dazu, da das höchste Reichsgericht bis zum Ende das Alten Reiches in Wetzlar blieb, doch die Episode zeigt einmal mehr die bei Friedrich augenscheinlich vorhandene konfessionspolitische Offenheit, wenn es um politische und / oder wirtschaftliche Vorteile ging. So darf mit Sicherheit vermutet werden, dass sich unter den zahlreichen italienischen Bauarbeitern, Stuckateuren und Glashandwerkern, die seit den 1680er-Jahren in Homburg nachzuweisen sind, bereits zahlreiche Katholiken befanden.

Als Friedrich dem Darmstädter Vetter im Herbst 1699 den Weinzoll und die Erhebung der „Soldaten-Steuer" verweigerte – beide Forderungen entsprachen dem Vertrag von 1622 (§§ 3 und 14) –, beorderte Ernst Ludwig eine Abteilung von 200 Soldaten unter dem Kommando des Majors Georg von Dachroden nach Homburg. Sie sollten Stadt und Schloss zehn Tage lang einschließen und Friedrich dadurch zum Einlenken bewegen. Der hatte indes von der bevorstehenden Besetzung erfahren und die Stadt notdürftig in Verteidigungsstand gesetzt. Um unnötiges Blutvergießen zu verhindern, begab sich der konziliante darmstädtische Major mit seinem Burschen alleine in das Schloss und übergab die Briefe Ernst Ludwigs an Friedrich. Der zeigte sich unbeeindruckt, setzte den Major gefangen und schickte den Burschen zurück zur Truppe, die wohl im Wald bei Dornholzhausen kampierte. Bis

Der Nachfolger: Landgraf Friedrich Jakob III. (1673–1746).

das Militär vor die Stadt gerückt war, hatte Friedrich die Bürger bewaffnen, die Tore schließen und die Mauern besetzen lassen. Friedrich ging soweit, dem gefangenen Major die Erschießung anzudrohen, falls die darmstädtischen Truppen das Feuer eröffnen sollten. Als dieser den Landgrafen an seine Offiziersehre als „großer General" und an das Kriegsreglement erinnerte, ließ Friedrich ihn am nächsten Tag laufen.

Seinem Auftrag entsprechend, ließ Major von Dachroden nun die gesamten Zufahrten in die Stadt blockieren. Schon nach zwei Tagen hatte er jedoch selbst seine liebe Not, seine Soldaten zu versorgen: Da sich die Bauern der Umgebung weigerten, Nahrungsmittel herauszugeben, versuchte er solche requirieren. Die meisten Vorräte waren indes anscheinend schon zuvor nach

Homburg geschafft oder versteckt worden, sodass die Blockade nach zehn Tagen erfolglos abgebrochen werden musste. Der daraus erwachsende neue Rechtsstreit beim Reichshofrat in Wien hatte nun die von Homburger Seite behaupteten Exzesse der darmstädtischen Soldaten zum Gegenstand. Der Prozess dauerte acht Jahre, also bis 1707, und wurde letztendlich zugunsten Darmstadts entschieden.

Doch zumindest waren die Vettern ihres Streites müde geworden. Die am 24. Februar 1700 geschlossene Ehe des Homburger Thronfolgers Friedrich (Jakob) III. (1673–1746) mit einer jüngeren Schwester des Darmstädter Landgrafen, Elisabeth Dorothea (1676–1721), sollte nun einen innerdynastischen Ausgleich bringen.

VIII. Residenz und Asyl – Schloss und Neustadt

Die nachhaltigste Wirkung hatte Landgraf Friedrich als Bauherr. Mit der Errichtung des neuen Residenzschlosses und der Neustadt (Louisenstadt) hat er das Gesicht der Stadt Homburg grundlegend verändert und bis heute geprägt.

Seine „Wanderjahre“, immerhin ein rundes Vierteljahrhundert, hatten ihn durch halb Europa geführt. Mit Stockholm, Kopenhagen, Warschau, Hamburg, Den Haag, Amsterdam, Straßburg, Berlin und vielen anderen hatte er die wachsenden Hauptstädte aufstrebender und altetablierter Reiche sowie Zentren des internationalen Handels und Verkehrs kennengelernt. Die meisten dieser Ort hatten im Laufe des 16. Jahrhunderts begonnen, ihr mittelalterliches Antlitz wenn nicht abzulegen, so doch deutlich zu überformen: Die alten Stadtmauern wurden durch moderne Befestigungsanlagen ersetzt. Viele Gebäude, oft noch aus Holz oder Fachwerk, wurden durch Steinbauten ersetzt oder durch vorgeblendete Renaissance- bzw. Barockfassaden dem Zeitgeschmack angepasst. Die Fürstensitze in den Städten – meist burgähnliche, wehrhafte Bauten – wurden meist abgerissen oder in neue Schlossbauten im Stile der Renaissance, des Manierismus und des Barock integriert. Die sich seit dem 15. Jahrhundert entfaltende Verwaltung der frühmodernen Territorialstaaten kam im Stadtbild durch die Errichtung neuer Verwaltungsbauten, Kanzleien, Rentkammern, Münzstätten, Kasernen etc. zur Geltung. Das durch die Reformation endgültig zum Durchbruch gekom-

Ansicht Homburgs mit dem Schloss und der Neustadt, um 1725.

mene landesherrliche Kirchenregiment und die neue sakrale Überhöhung der „absolutistischen" Fürsten ließ neben den weltlichen Bauten auch viele neue Kirchen entstehen – im barocken Katholizismus nicht anders als in den protestantischen Territorien.

Als Friedrich 1679 nach Homburg zurückkehrte, war von all diesen Strömungen am Taunushang kaum etwas zu spüren. Das Territorium der kleinen Herrschaft war noch immer vor den Spuren des Dreißigjährigen Krieges gezeichnet und als Residenzstadt musste das mittelalterliche Städtchen dienen. Vor der Anlage der Neustadt wurden hier im Jahre 1681 gerade einmal 128 bürgerliche Häuser gezählt, zehn Hausplätze lagen noch wüst und unbebaut vom Krieg. Mehr als 700 Einwohner wird der Ort – wohlwollend gerechnet – kaum gezählt haben. Das städtische Handwerk beschränkte sich auf Schmiede und Wagner, Metzger, Bäcker, Müller, Bierbrauer und Böttcher (Küfer), Schneider, Gerber, Schuh- und Hutmacher sowie Zimmerleute, Tischler, Maurer und Dachdecker, die freilich fast alle eine Landwirtschaft betrieben. Das ehemals nicht unbedeutende Tuchgewerbe hatte im Krieg vollends seine Existenzgrundlage eingebüßt. Eine stadtbürgerliche Gewerbeschicht von Kaufleuten, Händlern oder gar Akademikern, Künstlern und Freiberuflern war praktisch nicht vorhanden. Als Fürstenwohnung und Sitz der Verwaltung diente die ebenfalls zum größten Teil aus dem Mittelalter stammende Burg, die allerdings unter Friedrichs Vater 1625 eine vergleichsweise moderne Wasserversorgung erhalten hatte. Doch andere größere Baumaßnahmen fanden nicht statt und Reparatur- oder Renovierungsarbeiten hielten sich in Grenzen. Lediglich die Türme wurden 1633/34 mit welschen Hauben in ihrem Aussehen modernisiert.

Insgesamt entsprach die Burg damit jedoch kaum noch den gehobenen Ansprüchen eines barocken Fürstenwohnsitzes. Schon im Spätsommer 1679 schickte Friedrich daher seinen Vertrauten Paul Andrich nach Homburg zur Planung eines Schlossneubaues. Friedrich wollte sein Schloss „nach der Regularité" errichtet haben, also der barocken Geometrie folgend. In der Ausführung orientierte sich Andrich an dem Palladianismus. Dieser nach dem italienischen Architekten Andrea Palladio (1508–1580) benannte Stil grenzte sich durch strengere, klassischere Formen von dem als „katholisch" empfundenen römischen Barock mit einer runderen und geschmeidigeren Formensprache ab. Er fand vor allem in den protestantischen Ländern Nord- und Westeuropas Verbreitung. Von den Niederlanden strahlte er vor allem zunächst über die verwandtschaftlichen Beziehungen nach Brandenburg aus, wo ihn Andrich und der Landgraf kennenlernten.

Andrich ging in Homburg zügig ans Werk. Während er einen Kostenvoranschlag erstellte und zu Friedrich nach Weferlingen schickte, hatten schon die Arbeiten am Schlossgarten begonnen und Verhandlungen mit Bauhandwerkern in Frankfurt stattgefunden. Bei der Beschaffung der Baumaterialien erwies sich Andrich einmal mehr als außerordentlich versiert und einfallsreich. Im Oktober 1679 berichtete er an den Landgrafen, dass er in Niedererlenbach guten Kalkstein entdeckt habe, den er in einem eigens errichteten Kalkofen an Ort und Stelle brennen lasse, und dass er auf der Suche nach geeignetem Bauholz die Wälder der Umgebung durchstreife. Mauersteine mussten allerdings aus dem 15 Kilometer entfernten Vilbeler Steinbruch herangeschafft werden. Um hier den kostspieligen Transport mit Pferde- und Ochsenfuhrwerken zu minimieren, griff er später auf die Ruine des römischen Kastells Saalburg zurück, die sich fünf Kilometer nordwestlich von Homburg auf dem Taunusrücken erhob. Bei den zahlreichen Bauarbeitern griff Andrich fast ausschließlich auf auswärtige Kräfte zurück. Da er in einem Schreiben an den Landgrafen einen „Zweisprachigen" erbat, liegt die Annahme nahe, dass man bereits französische oder italienische Handwerker beschäftigte, vielleicht auch schon Glaubensflüchtlinge.

Bei der am 14. Mai 1680 durchgeführten feierlichen Grundsteinlegung war der Landgraf selbstverständlich anwesend, ging es doch einmal mehr darum, die Eigenständigkeit Hessen-Homburgs von der darmstädtischen Linie zu betonen. Denkbar deutlich bezeichnet die Inschrift den Bau selbstbewusst als Friedrichsburg und vor allem als „fürstliches Stammhaus". Leider ist die Baugeschichte dieses Schlosses noch nicht hinreichend erforscht, insbesondere vergleichend mit anderen Bauwerken in der weiteren Region. Soviel steht allerdings fest: Es handelt sich dabei um den ersten großen barocken Schlossbau zwischen Rhein und Weser, der rund eine Generation vor Rothweils Bauten in Arolsen, Hanau und Biebrich oder jenen von Rèmy de la Fosse in Darmstadt und Mannheim entstanden ist.

Über den Ablauf der Bauarbeiten ist kaum etwas bekannt, da nur wenige Unterlagen überliefert sind. Die frühere Vermutung, dass für den Bau des Schlosses die alte Burganlage völlig abgerissen worden sei, kann mittlerweile auf jeden Fall als widerlegt gelten. An vielen Details ist deutlich zu erkennen, dass ältere Bauteile in die neue Anlage integriert worden sind. Doch wurde die mittelalterliche Stadtkirche, die frei vor der Burg stand, vermutlich im Herbst 1680 vollständig niedergelegt, was die Homburger zur Klage bei dem Darmstädter Landgrafen veranlasste. Tatsächlich war die Kirchengemeinde und nicht Landgraf Friedrich Eigentümer der Kirche. Was bis heute auf den ersten Blick sichtbar von der Burg erhalten blieb, ist der Bergfried, der sogenannte Weiße Turm.

Ebenfalls noch im Jahre 1680 wurde eine Brücke errichtet, die von der Herrengasse über den ehemaligen Burggraben zum künftigen Hauptportal des Schlosses führte. Trotz wiederholt auftretender Engpässe bei der Heranschaffung von Baumaterial und bei der Bezahlung der Arbeiter scheint der Bau insgesamt zügig vorangekommen zu sein. War am 23. September 1679 das siebte Kind des Landgrafenehepaares, Eleonore Margarete (1679–1763),

Portal des Hirschgangflügels mit der Reiterstatue Landgraf Friedrichs II.

noch in Weferlingen geboren worden, so konnte die Familie gegen Ende 1680 die ersten fertigen Gemächer im Schloss beziehen und die Landgräfin Louise brachte dann am Dreikönigstag 1681 in Homburg ihr achtes Kind, Elisabeth Franziska (1681–1707), zur Welt. Landgräfin Louise schaltete sich nun auch aktiv in die Bautätigkeiten ein, was anscheinend nicht selten zu Misshelligkeiten mit Andrich führte.

Die Annahme scheint plausibel, dass das Landgrafenehepaar die Errichtung des Baukorpus Andrich überlassen hatte, der einen vergleichsweise nüchternen und schlichten Zweckbau errichtete. Die weitgehend ungegliederten, verputzten Fassaden und die axial durchfensterten Bauteile des Schlosses bilden den idealen Hintergrund für die aufwendigen Torbauten und den sonstigen Fassadenschmuck aus rotem Buntsandstein. Für den Bauschmuck, die Skulpturen und Reliefs wie für die Innenausstattung griff das Landgrafenpaar auf renommierte Künstler und Handwerker zurück, die durchaus die prächtigere und geschmeidigere Formensprache des süddeutschen Barock beherrschten. Dass dabei die Konfessionsfrage keine Rolle spielte, versteht sich von selbst. So stammen die bedeutendsten Bildhauerarbeiten von dem fränkischen Bildhauer Zacharias Juncker dem Jüngeren aus Miltenberg (vor 1624 bis nach 1683), der unter anderem in Würzburg arbeitete und den Portalschmuck für die 1667 begonnene Franziskanerkirche in Miltenberg schuf. Auf ihn geht etwa das im August 1683 vollendete Portal mit dem Reiterbildnis des Landgrafen und der Inschrift zur Grundsteinlegung zurück, das sich im oberen Schlosshof befindet. Über den gedrehten Säulen lagern rechts und links auf den beiden Seiten eines gesprengten Segmentgiebels die Figuren des Mars und der Minerva, also die römischen Gottheiten des Krieges sowie des Handels und Handwerks. Zwischen ihnen erhebt sich ein großes, ebenfalls mit Säulen begrenztes Giebelfeld. Aus einer Nische in dessen Mitte sprengt der Landgraf auf seinem Pferd in voller Rüstung – „ein wahrhaft barocker Gedanke“, wie es der bedeutende Frankfurter Kunsthistoriker Fried Lübbecke auf den Punkt brachte. Die Figur Friedrichs ist von Kriegesemblemen, Rüstungsteilen, Kanonen, Waffen, Fahnen und Trommeln umgeben, zu seinen Füßen lagern zwei nackte, in Ketten geschlagene Gefangene.

Wie die Bauarbeiten in den nächsten drei Jahren fortgeführt wurden, ist unbekannt. Die reformierte Schlosskapelle im heutigen Bibliotheksflügel wurde am 5. April 1685 eingeweiht. Sie diente der Landgrafenfamilie und den reformierten Beamten und Angehörigen des Hofstaates zum Gottesdienst. Erst 1686, als der Schlossbau bereits seiner Vollendung entgegenging, liefern erhaltene Briefe von Andrich wieder genauere Informationen. Den Sommer über arbeiteten Zimmerleute an den Dächern und dem Dach des Uhrturmes. Teilweise trugen die Gebäude Mansardedächer im französischen Stil. Im Laufe des Jahres 1686 scheint auch die Innenausstattung der Schlosskirche einen gewissen Abschluss gefunden zu haben, insofern die Kirchenfenster im

Spätsommer eingesetzt wurden und die Holzarbeiten an der Empore und der Fürstenloge abgeschlossen werden konnten. Diese Schlosskirche diente als Gemeindekirche der lutherisch gebliebenen Homburger Bevölkerung. Die Innenausstattung wurde bereits in den 1750er-Jahren vollständig erneuert, als die Kirche schon baufällig geworden war und grundlegend renoviert werden musste. Der davor befindliche alte Friedhof wurde 1692 planiert. In die neue Schlosskirche wurde allerdings die mittelalterliche Gruft übernommen, die Friedrich 1695 erheblich erweitern ließ und so eine repräsentativere Grablege für seine Familie schuf. Noch heute befinden sich dort 77 Sarkophage von Angehörigen der Homburger Landgrafenfamilie. Die Weihe der Schlosskirche fand indes erst am 25. Juli 1697 statt.

Die Landgrafenappartements befanden sich im Königsflügel, von dem aus Friedrich einen gedeckten Laufgang in die Kirche bauen ließ. Der Hirschgangflügel, der Unteren und Oberen Schlosshof trennt, wurde allerdings erst 1704 vollendet, ebenso wie der eingeschossige Archivflügel. Hier fand das wohl wichtigste Porträtbildnis des Landgrafen Friedrich in eben diesem Jahr seine Aufstellung, und zwar die vom bedeutenden Berliner Architekten und Bildhauer Andreas Schlüter (1664–1714) geschaffene und von dem aus Homburg stammenden Johann Jacobi (1661–1726) gegossene Bronzebüste, die seit 1928 im Schlossvestibül aufgestellt ist.

Bemerkenswerterweise ließ Friedrich den erhalten gebliebenen Graben der mittelalterlichen Burg zur Stadt hin nicht zuschütten. Das gedrungene, renaissancehafte Hauptportal zum vollständig umschlossenen Unteren Schlosshof, versehen mit den Wappen Friedrichs II. und seiner beiden ersten Gattinnen Gräfin Margarethe Brahe und Louise Elisabeth von Kurland im Giebelfeld, zwei flankierenden römischen Kriegerfiguren und der darüber stehenden Statue des Herkules vermitteln einen gewissen wehrhaften Charakter, der durch den mit Kanonen von Fehrbellin bestückten Rempart unterstrichen wurde. Die für den innovativen barocken Schlossbau charakteristische Öffnung zwischen „cour et jardin", also die Korrespondenz zwischen Innen- und Außenraum, wird nur vergleichsweise verhalten beim südöstlichen Königsflügel eingelöst, der sich zum Gartenparterre hin öffnet. Insgesamt zeigt es „in seiner wuchtigen Masse den selbstbewussten Herrscherwillen seines Erbauers" (Monika Vogt) und weniger die verfeinerten Lebensformen des höfischen Barock.

Für die Gestaltung des Schlossgartens unter Friedrich II. liegen ebenfalls nur wenige Hinweise vor. Es ist jedenfalls sicher, dass sich Andrich bei der Anlage des südöstlich an den Königsflügel anschließenden Parterres an den Vorgaben des zeitgenössischen „holländischen Stils" orientierte. Auf dem Südwesthang in Richtung Teich entstand ein Weinberg, der allerdings den Umgestaltungen im englischen Stil durch den Hofgärtner Johann Adam Wittmann ein knappes Jahrhundert später zum Opfer fiel. Lediglich im Par-

Wachsmaske des Landgrafen Friedrich II., um 1698. Dabei handelt es sich um keine Totenmaske, sondern möglicherweise um eine Vorlage für die wenige Jahre später gegossene Porträtbüste von Andreas Schlüter.

terre blieben die formalen barocken Gartenpartien aus der Zeit Friedrichs II. erhalten.

Die Anlage der Neustadt ist im Grunde nicht von der Umgestaltung des mittelalterlichen Stadtkerns zur frühneuzeitlichen Residenzstadt zu trennen. Sie trägt deshalb auch zum Verständnis der Herrscherpersönlichkeit des Landgrafen Friedrich bei. Eine nach den Regeln der Geometrie und Symmetrie angelegte Neustadt gehörte in europäischer Perspektive seit der zweiten Hälfte des 16. Jahrhunderts zu den erstrebenswerten Elementen eines fürstlichen Herrschaftssitzes. Die Anfänge liegen hier, wie so oft, in Italien. In Deutschland stand die Errichtung von geplanten Neustädten schon vor dem Dreißigjährigen Krieg oft im Zusammenhang mit der Aufnahme von Religionsflüchtlingen, den sogenannten Exulanten. Das bekannteste Beispiel dürfte die 1597 gegründete Neustadt Hanau sein, die Graf Philipp Ludwig II. von Hanau (1576–1612) für niederländische und wallonische Calvinisten anlegen ließ.

Die Anlage und vor allem die Entwicklung der Homburger Neustadt steht hingegen nur bedingt in Beziehung mit dem Exodus der Hugenotten aus Frankreich nach der Aufhebung des Toleranzedikts von Nantes am 18. Oktober 1685 durch Ludwig XIV. (1638–1715). Landgraf Friedrich II. hatte schon im August des Vorjahres ein offenes Rundschreiben publizieren lassen, indem er Manufakturarbeiter und Gewerbetreibende, gleich welcher Konfession, zur Ansiedlung in der „neuen Vorstadt, Louysenstadt genannt“ einlud. Damit dürfte klar sein, dass seine wirtschafts- und bevölkerungspolitischen Interessen – in der Sprache der Zeit, seine „Peuplierungspolitik“ – eindeutig vor der solidarischen Unterstützung seiner verfolgten Konfessionsverwandten stand. Gleichzeitig sollte man seine daraus herrührende konfessionelle Indifferenz nicht mit modernem Toleranzdenken verwechseln.

Dieser erste Aufruf vom August 1684 zeigte keine besonders große Wirkung. Die ersten Häuser in der Neustadt wurden von Angehörigen des Hofstaates bzw. der Hofhandwerkerschaft erbaut, so werden der Hofbäcker Klußner oder Klüsener, der Hofsattler Ettling und ein weiterer Hofbäcker namens Topf genannt. Doch auch Bewohner aus der Altstadt Homburgs und vor allem aus den umliegenden Dörfern siedelten sich in der Louisenstadt an. Sie wurden angelockt von den zugesagten materiellen und steuerlichen Vergünstigungen und hatten wohl die durchaus begründete Hoffnung, als Händler, Handwerker oder Dienstleister für die Hofhaltung ein Auskommen zu finden. Die seit längerem in der Altstadt ansässigen Juden veranlasste der Landgraf nicht ohne Nachdruck, sich ebenfalls in der Neustadt anzusiedeln. Sie erhielten eine gesonderte Gasse, die heutige Wallgasse, unmittelbar zwischen der mittelalterlichen Stadtmauer und der Neustadt als Wohnort angewiesen. In dieser „Judengasse“, die erst 1880 in Wallgasse umbenannt worden ist, entstand 1731 auch eine Synagoge. Mit dieser Ghettoisierung wollte

Friedrich die Juden keineswegs verdrängen. Im Gegenteil suchte er immer wieder mit besonderen Vergünstigungen, zusätzliche Juden nach Homburg zu locken.

Nach der Aufhebung des Edikts von Nantes flohen ab dem Herbst 1685 weit über Hunderttausend französische Protestanten in andere Länder. Besonders in den reformiert-protestantischen Territorien des Reichs wurden sie als willkommene Gelehrte, Künstler, Handwerker, Kaufleute und Bauern aufgenommen, in Brandenburg und Hessen-Kassel nicht anders als in Hessen-Homburg. Homburg konnte dabei durchaus von seiner Nähe zur Reichsstadt Frankfurts profitieren, die zu einem ersten Auffangbecken des Flüchtlingsstroms wurde, von dem aus sich die kleineren Gruppen und Gemeinden weiter über das Land verteilten. Im Laufe weniger Jahre konnten die Agenten des Landgrafen hier 50 Familien und zahlreiche Einzelpersonen für Homburg gewinnen. Allerdings bevorzugten die Neuankömmlinge die Lage abseits der Residenz und siedelten sich seit 1687 in dem neugegründeten Friedrichsdorf an, das an die wüst gefallene Dorfwüstung Dillingen anknüpfte. 1685 nahm der Landgraf auch Verhandlungen zur Ansiedlung aus dem Piemont geflüchteter Waldenser auf. Aber erst gegen Ende des 17. Jahrhunderts siedelte sich eine Gruppe in dem nordwestlich gelegenen Dornholzhausen an.

Das heißt, die Bewohner der Neustadt rekrutierten sich auch weiterhin vorwiegend aus den Angehörigen des Hofstaates, der Altstadt und der näheren und weiteren Umgebung. Die ersten hugenottischen Ansiedler waren offensichtlich zu arm oder zu vorsichtig, um sofort Grundbesitz in der Neustadt zu erwerben. Vielleicht wollten sie erst die Entwicklung der Ansiedlung abwarten. Deshalb sind sie zunächst nur als Beisassen erwähnt und erwarben teilweise erst in den 1690er-Jahren Anwesen. Bis 1699 waren lediglich vier Häuser im Bereich des oberen Neustädter Marktes in der Louisenstraße und zwei weitere Anwesen am unteren Marktplatz (Waisenhausplatz) in hugenottischem Besitz. Besonders den beiden letztgenannten Anwesen ist erhebliche wirtschaftsgeschichtliche Bedeutung beizumessen, insofern als hier mit Tapeten-, Perücken-, Hut- und Strumpfmachern für die Zukunft wichtige Gewerbe ansässig wurden. Ihre Erzeugnisse sollten über die Frankfurter Messe abgesetzt werden. Der in den Quellen immer wieder verwendete Begriff der „Manufaktur" darf freilich nicht darüber hinwegtäuschen, dass es sich bei diesen Betrieben um vergleichsweise bescheidene Unternehmen handelte, die im Stile der Hausindustrie von den Familienangehörigen und wenigen Gehilfen betrieben wurden. Binnen weniger Jahre entwickelte sich die ehemalige Frankfurter Landstraße, die nunmehrige Louisenstraße, zur neuen Hauptstraße, in der bis 1708 ca. 38 Anwesen errichtet wurden. Neben den erwähnten Gewerbebetrieben waren es vor allem auch die hier entstehenden Gasthöfe, die auf ein sich entwickelndes städtisches Getriebe verweisen. Zwischen 1687 und 1691 siedelten sich hier vier Gastronomiebetriebe an.

Was allerdings nicht glückte, war eine halbwegs organische Verbindung zwischen der Altstadt und der Neustadt. Dass für eine streng geometrische Anlage im Sinne einer barocken Planstadt, wie etwa Karlsruhe oder Mannheim, das Potenzial fehlte, war sowohl dem Landgrafen als auch Andrich klar. Letztlich ließen auch die topografischen Gegebenheiten eine solche Planung nicht zu. Allerdings war der Wille, dem barocken Ideal möglichst nahe zu kommen, durchaus vorhanden. So ließ Friedrich 1684 nicht nur die Schlossmauer durchbrechen und das Neutor zur Louisenstadt errichten, sondern auch zwei Jahre später die Stadtmauer in der Verlängerung der Sackgasse niederlegen, um in deren Verlängerung eine parallel zur Louisenstraße verlaufende Längsachse zu erhalten. Da die Bebauung indes weniger rasch als gehofft erfolgte – bis zum Tode des Landgrafen im Jahre 1708 entstanden insgesamt nur 53 Wohnhäuser in der Louisenstadt – ließ man diese Planung allerdings wieder fallen. Der geschaffene Durchbruch wurde 1705 mit dem Neubau des Hauses Wallstraße 18 im Zuge der Ansiedlung der Juden in dieser Straße sogar wieder geschlossen und die Sackgasse machte ihrem Namen wieder alle Ehre. Ebenso ließ man die ohnehin nicht mehr ganz zeitgemäße Idee einer Ummauerung der gesamten Neustadt bald wieder fallen. Immerhin wurde am Ende der gut 600 Meter langen Louisenstraße das Frankfurter Tor errichtet.

Mit der Anlage der Louisenstraße in der Trasse der alten Frankfurter Landstraße verzichtete Landgraf Friedrich von vornherein darauf, die Hauptachse der neu entstehenden Stadt auf das Schloss auszurichten, wie dies eigentlich zu erwarten gewesen wäre. Gründe für diesen Verzicht sind nicht bekannt. Als in seinen letzten Lebensjahren noch einmal seine Bauwut aufflackerte, wollte er dieses Versäumnis offensichtlich mit der Anlage der Neugasse bzw. Schlossstraße nachholen – allerdings mit geringem und für die weitere Stadtentwicklung nur mäßigem Erfolg. Diese Achse verlief südlich annähernd parallel zur Louisenstraße. Sie nahm ihren Ausgang von der Mitte des Königsflügels und setzte die zentrale Achse des Gartenparterres fort. Allerdings blieb die Schlossgartenmauer bestehen und wurde hier erst 1895 durch ein Tor zur Dorotheestraße hin geöffnet. Wie wichtig Landgraf Friedrich diese Erweiterung nahm, zeigt die Tatsache, dass er die ersten sieben Häuser auf seine Kosten errichten ließ. Doch erst unter seinem Sohn und Nachfolger Friedrich III. kam die Bebauung hier in größerem Umfang in Gang.

Die persönlich wichtigste Zäsur während seiner Regierungszeit in Homburg war zweifellos der Tod der zweiten Frau, Louise Elisabeth von Kurland, am 16. Dezember 1690 in Weferlingen. In den zwanzig gemeinsamen Ehejahren wurden insgesamt 14 Kinder geboren. Diese große Kinderschar allein ist nicht als Zeichen ehelicher Zuneigung zwischen den Partnern zu werten. Denn in den Briefen Friedrichs an Louise Elisabeth ist stets eine gewisse Emotionalität spürbar, die über die oft doch recht vordergründige Barockrhetorik hinausgeht. Legendär sind seine unkonventionellen Anreden, etwa „Allerliebste Dicke" oder „Meine Engels Dicke". Auch wenn man getrost davon ausgehen darf, dass sich das barocke Schönheitsideal recht deutlich von den gegenwärtigen Bulimie-Models unterschied, spricht daraus eine große Zuneigung und Vertrautheit der Ehepartner. Ebenso zeugt die Begleitung der Ehefrau auf einigen der letzten Feldzüge in Pommern, Ostpreußen und Polen von gegenseitiger Verbundenheit. Erklärungsbedürftig erscheint hingegen der Umstand, dass nach den vier zwischen 1681 und 1684 in Homburg geborenen Kindern eine Pause von sechs Jahren einsetzte und Louise Elisabeth ihr letztes Kind, Kasimir Wilhelm, dann wiederum in Weferlingen am 23. März 1690 zur Welt brachte und hier schon neun Monate später verstarb. War es zu einer Entfremdung zwischen den Ehepartnern gekommen? Hatte sich Louise Elisabeth hierher zurückgezogen? War die Gesundheit des Landgrafen oder der Landgräfin derart geschwächt, dass sich diese fünf Jahre Geburtenpause zwangsweise ergeben hatte? Die schriftliche Überlieferung lässt beim gegenwärtigen Kenntnisstand leider keine Antworten auf diese Fragen zu. Friedrich hatte sich 1684, also in jenem Jahr, als das vorläufig letzte Kind in Homburg geboren worden war, um niederländische Kriegsdienste bemüht, hatte allerdings keine Bestallung erhalten. Ob ihn die Geldnot zu diesem Versuch veranlasst hatte oder er Abstand von seiner Gemahlin gewinnen wollte, bleibt fraglich.

Dass der bereits 58-jährige Witwer am 15. November 1691, also nur elf Monate nach dem Tod seiner zweiten Frau, die 35-jährige Sophie Sybille (1656–1724) von Leiningen-Westerburg heiratete, darf freilich nicht vorschnell als mangelnde Trauer oder bereits länger angelegte Entfremdung zwischen den Ehepartnern gewertet werden. Eine rasche Wiederverheiratung, auch unter Missachtung des sogenannten Trauerjahres, war besonders dann üblich, wenn Kleinkinder versorgt werden mussten. Dies war der Fall: Nicht nur der erst wenige Monate alte Kasimir Wilhelm, sondern auch drei weitere Geschwister zwischen sechs und acht Jahren hatten ihre Mutter verloren. Die neue Landgräfin war im übrigen seit dem Tod ihres ersten Mannes, Johann Ludwig von Leiningen-Dachsberg, im Jahre 1687 selbst verwitwet und brachte zwei Knaben von sechs und zwölf Jahren mit in die neue Ehe. Die ältere Forschung sah in dieser Eheentscheidung den Wunsch des Landgrafen, eine „treue und liebevolle Pflegerin seines Alters" zu finden, „da er durch die vielen ausgestandenen Fatiguen (ermüdende Strapazen) und Blessuren einen großen Abgang seiner Kräfte verspüret" hatte. Offensichtlich gelang es aber der 23 Jahre jüngeren Witwe, die Lebensgeister des für die damalige Zeit tatsächlich bereits greisen Landgrafen nochmals zu wecken. Schon am 10. Januar

1693 kam Ludwig Georg (1693–1728) als erstes Kind aus der neuen Ehe zur Welt. Ihm folgte noch am 16. Dezember des gleichen Jahres Friederike Sofie, die allerdings noch nicht einmal vier Monate später bereits wieder verstarb. Auch Leopold, das letzte Kind aus dieser Ehe, das fünfzehnte des Landgrafen insgesamt, starb nach nur zwei Monaten am 12. Juni 1695.

Die Wahl seiner dritten Ehegattin aus der weitverzweigten Familie der Grafen von Leiningen-Westerburg ist allerdings vor dem Hintergrund des gesamten Lebenslaufes des Landgrafen von großem Interesse. Seine neue Frau stammte nämlich aus der gleichen Familie wie seine Mutter und war eine von deren entfernten Cousinen. Während seine Mutter der im Westerwald beheimateten Linie entstammte und auf Burg Schadeck an der Lahn geboren wurde, kam Sophie Sybille in Oberbronn, etwa 20 Kilometer nordwestlich von Hagenau im Elsass zur Welt. Es erscheint nicht unwahrscheinlich, dass Landgraf Friedrich während des Feldzuges am Oberrhein im Jahre 1674 die Familie seiner dritten Frau bereits näher kennengelernt hatte. So steht diese letzte Ehe des Landgrafen doch in spezifischer Weise für eine gewisse Kontraktion seiner Lebenswelt. Nach der ersten Ehe mit einer Frau aus den vornehmsten, ökonomisch wie politisch führenden Kreisen Schwedens und nach der zweiten Ehe mit der Tochter eines angesehenen souveränen Herrschers kehrte er mit dieser letzten Verbindung sozusagen in die alten und angestammten Heiratskreise seiner Familie zurück. Eine individuelle psychologische Deutung dieses Schrittes ist freilich nicht möglich.

Eine Rolle dürfte sicherlich sein fortgeschrittenes Alter gespielt haben und nicht zuletzt seine mittlerweile wiederum angespannte finanzielle Situation, die eine Ehe mit einer Tochter aus einem wohlhabenderen und / oder politisch einflussreicheren Fürstenhaus wohl nicht mehr zuließ.

Diese Kontraktion der Lebenswelt bzw. des Aktionsraumes des Landgrafen wurde 1694 auch auf einem ganz anderen Gebiet deutlich, wobei allerdings seine zunehmende Geldnot mit im Spiel gewesen sein mag. In diesem Jahr vertauschte Friedrich seinen Besitz Neustadt an der Dosse in der Mark Brandenburg gegen das näher gelegene Oebisfelde im Magdeburgischen. Da Oebisfelde nur den halben Wert von Neustadt hatte, übernahm Kurfürst Friedrich III. von Brandenburg die auf Neustadt lastenden Schulden des Landgrafen in Höhe von immerhin 54.000 Reichstalern. Während dieser Verhandlungen hielt sich die Familie wieder längere Zeit in Weferlingen auf. Allerdings spielte dabei der Einfall der Franzosen in die Pfalz und die zweite Zerstörung Heidelbergs eine Rolle, die einen Verbleib in Homburg als wenig ratsam erscheinen ließen. Hier kam das zweite Kind der neuen Ehe zur Welt und verstarb auch in Weferlingen am 4. April 1694.

In seinen späteren Jahren scheint Landgraf Friedrich kaum noch größere Reisen unternommen zu haben. Spätestens ab 1695 wurde Homburg endgültig zum Lebensmittelpunkt des Landgrafen. Dieser letzte Lebensabschnitt

Familienbildnis, um 1695.

begann mit Abschieden. Die Bauarbeiten am Schloss waren weitgehend abgeschlossen, für große Projekte fehlte das Geld und vielleicht auch bereits die Kraft. Friedrich trennte sich, soweit man erkennen kann, einvernehmlich von Paul Andrich, seinem jahrelangen Vertrauten und Mitarbeiter. Zuletzt war Andrich noch mit dem Landgrafen in Weferlingen, dann trat er im Oktober 1695 in den Diensten des Herzogs Friedrich Wilhelm von Mecklenburg-Schwerin (1675–1713) in Erscheinung. Bis zu seinem Tod 1711 blieb er im mecklenburgischen Salinenwesen tätig. Es scheint mehr als wahrscheinlich, dass Friedrich diesen Wechsel Andrichs sogar unterstützte, war doch der junge Herzog ein Sohn von Christine Wilhelmine, einer Tochter seines älteren Bruders und damit sein Großneffe. 1704 sollte Friedrich Wilhelm von Mecklenburg, die Verbindungen wiederum verstärkend, eine Kasseler Prinzessin heiraten.

Schwerer als der Verlust seines vertrauten Mitarbeiters dürfte der Tod zweier seiner Kinder im gleichen Jahr gewogen haben. Am 12. Juni 1695 verstarb der gerade zwei Monate alte Leopold aus seiner aktuellen Ehe. Gut zwei Monate später erlitt am 20. August sein zweitältester Sohn Karl Christian (1674–1695) als hessen-kasselischer Oberst bei der Wiedereroberung der Festung Namur eine schwere Verwundung, der er am 29. August erlag. Der Leichnam wurde nach Hause transportiert. Über Frankenberg kam er nach

Marburg, wo er am 23. September zunächst in der Schlosskapelle aufgebahrt wurde. Am 27. September ging es weiter in Richtung Homburg. Da die Erweiterungsarbeiten unter der Schlosskirche noch nicht vollendet waren, blieb er „in einer Kirche eine halbe Stunde von Homburg" (wahrscheinlich in Seulberg oder in Gonzenheim) und wurde erst am 27. November in der fertiggestellten Gruft beigesetzt. Gleichzeitig ließ Friedrich auch seine zweite Frau, Louise Elisabeth, die 1690 in Weferlingen bestattet worden war, nach Homburg überführen und ebenfalls in der Gruft beisetzen.

Man gewinnt den Eindruck, dass er nun begann, seine Familie an seinem Lebensmittelpunkt zu versammeln. Diese Vermutung verfestigt sich, wenn man das in jenen Jahren entstandene Familienporträt näher betrachtet, das heute im Ahnensaal des Homburger Schlosses hängt. Es lässt auch, bei aller angezeigten Vorsicht und trotz der vorhandenen Unsicherheiten, gewisse Interpretationen hinsichtlich der innerfamiliären Verhältnisse nach der dritten Eheschließung Friedrichs zu. Das Ölgemälde eines unbekannten Künstlers ist grob in zwei Bildhälften geteilt. Auf der linken Hälfte, also der heraldisch gesehen rechten und damit vornehmeren Hälfte, erkennt man in der Mitte den rund sechzigjährigen Landgrafen lässig auf einem Thron sitzend. Zu seiner Rechten steht sein ältester Sohn und Nachfolger Friedrich III. Jakob, damals rund zwanzig Jahre alt, zu seiner Linken die 1690 verstorbene Louise Elisabeth von Kurland, seine zweite Frau. Die rechte Hälfte des Gemäldes füllen die Figuren seiner weiteren Kinder aus zweiter Ehe, nach dem Alter fallend von rechts nach links, beginnend mit der erstgeborenen Charlotte bis zur etwa zwölfjährigen Johanna Ernestine. Für die Identifikation der beiden vordersten Figuren, einer erwachsenen Frau mit einem rund zwei- oder dreijährigen Knaben im Arm, bieten sich mindestens zwei Erklärungs- und damit Spekulationsmöglichkeiten. Zum einen könnte es sich bei dem Knaben um den 1690 geborenen Kasimir Wilhelm, das letzte Kind aus der zweiten Ehe, handeln. Die Frau wäre dann ein Kindermädchen. Tatsächlich wird es im Laufe der zweiten Hälfte des 17. Jahrhunderts üblich, die Kindermädchen mit in aristokratische Familienporträts aufzunehmen. Für diese Interpretation spräche die komplette Kinderschar der zweiten Ehe und die vergleichsweise einfache Kleidung der Frau, die im Übrigen auch keinen Schmuck trägt. Träfe dies zu, so würde man das Bild als ein familiäres Gedächtnisbild für die verstorbene Landgräfin einschätzen. Dagegen spräche allerdings gerade die hervorgehobene Darstellung eines Kindermädchens. In eine ganz andere Richtung weist die zweite Möglichkeit. Sie ergibt sich aus der Gestik des Landgrafen. Er hat sich vom Rest seiner Familie ab- und seinem Thronfolger nach rechts zugewendet. Gleichzeitig zeigt er mit seiner rechten Hand auf diese Frau mit dem Knaben. Zu dieser Gestik und diesen Bezügen zwischen den Dargestellten Personen passt die testamentarische Verfügung des Landgrafen. In seinem letzten Willen hat er die Versorgung

Medaillon mit Porträtminiatur, vermutlich das letzte Altersbildnis Landgraf Friedrichs II.

seiner künftigen Witwe – da es ihm seine eigenen Vermögensverhältnisse nicht erlaubten – ausdrücklich den älteren Söhnen anempfohlen, „allermaßen Unsere Frau Gemahlin ihnen [also den Kindern aus zweiter Ehe] niemalen etwas zuwider gethan oder auf einige andere Weise sich als eine Stiefmutter erzeiget". Landgraf Friedrich hätte mit diesem Gemälde demnach ein synchrones Familienbild schaffen lassen. Die dargestellte Frau wäre also Sophie Sybille von Leiningen-Westerburg und der Knabe der 1693 geborene Leopold Georg. Damit käme als Entstehungszeit das erste Halbjahr 1695 in Frage, da im August dieses Jahres Karl Christian seine tödliche Verwundung erlitt. Die Identifikation der Frau mit Knaben erscheint auf den ersten Blick ungewöhnlich. Es existieren zwar dynastische Familienporträts, in denen verstorbene Mitglieder gleichzeitig mit den Lebenden dargestellt werden, etwa das um 1748 von Franz Lippold geschaffene Altarbild in der Kirche von Gaibach (nordöstlich von Würzburg), das die vornehmsten Mitglieder des Hauses Schönborn aus dem 17. und der ersten Hälfte des 18. Jahrhunderts zeigt. Dass sich ein Fürst mit einer verstorbenen und mit der aktuellen Gattin und den Kindern aus beiden Ehen in einem Gemälde darstellen ließ, ist indes außergewöhnlich und lediglich in Epitaphbildern geläufig. Jedoch sind darin die Verstorbenen meist entsprechend gekennzeichnet. Allerdings entspräche dieses Gemälde dem oben festgestellten Bestreben Friedrichs, seine Familienmitglieder um sich zu sammeln – in der Gruft ebenso wie auf diesem zweifellos eigentümlichen Bild.

Trotz der damals auch im Adel hohen Kindersterblichkeit waren die letzten Jahre des Landgrafen besonders stark von schmerzlichen Verlusten innerhalb der Familie geprägt. Fast jährlich musste die Familiengruft geöffnet werden, um verstorbene Kinder und Enkel des Landgrafen beizusetzen. Neben den Kleinkindern dürfte ihn der Tod seines dritten Sohnes Philipp (1676–1703) besonders getroffen haben, der ebenfalls in hessen-kasselischen Diensten gegen die Franzosen kämpfte und am 15. November in der verlustreichen Schlacht von Speyerbach in der Pfalz fiel.

Gegen Ende seines Lebens trat Friedrich noch einmal prominent aus seinem enger gewordenen Lebensumfeld heraus. In Schweden hatte im Jahre 1697 der erst fünfzehnjährige Karl XII. (1682–1718), ein Enkel seines einstigen Dienstherrn, den Thron bestiegen. Drei Jahre später begann der Nordische Krieg, in dem sich die etablierte schwedische Großmacht in erster Linie vom aufstrebenden Russland unter Peter I. dem Großen (1672–1725) herausgefordert sah. Die Schlacht von Narwa am 20. November 1700, einer der größten Siege in der schwedischen Militärgeschichte überhaupt, begründete den Ruhm des jugendlichen Herrschers. Nachdem er 1706 den mit Russland verbündeten sächsischen Kurfürsten und polnischen König, August II. den Starken (1670–1733), zum Frieden gezwungen hatte, bezog seine Armee in Sachsen ihre Winterquartiere und der König selbst residierte in Leipzig. Er entfaltete dort kurzfristig ein regelrechtes Hofleben. Zahlreiche Fürsten und Prinzen suchten ihn auf – sei es, um etwaige Militärdienste anzunehmen oder sei es, um dem neuen Löwen aus Mitternacht, dem würdigen Nachfolger Gustav Adolfs, ihre Aufwartung zu machen. Dorthin führte dann auch Anfang 1707 die letzte größere Reise des mittlerweile 74-jährigen Friedrich. Es wird zwar überliefert, dass der junge König den alten Landgrafen würdevoll und mit großer Hochachtung empfing, über die Inhalte der Gespräche zwischen den beiden Militärs ist freilich nichts bekannt. Es scheint jedoch sehr wahrscheinlich, dass Friedrich die Gelegenheit nutzte, um seinem jüngsten Sohn aus der zweiten Ehe, dem gerade 17-jährigen Kasimir Wilhelm (1690–1726), eine Bestallung in einem schwedischen Infanterieregiment zu verschaffen. Aus dieser Dienstzeit des jungen Landgrafen dürfte das im Darmstädter Archiv aufbewahrte deutsch-schwedische Exerzierreglement für Grenadiere stammen, das mit der Ortsbezeichnung Slupca (eine kleine Stadt in der Nähe von Posen) versehen und auf den 1. Oktober 1707 datiert ist. Möglicherweise wurden aber auch erste Fühler zur Stiftung einer für die Geschichte des Landgrafenhauses höchst bedeutsamen Ehe ausgestreckt.

Der gleichnamige Kasseler Neffe des Landgrafen, Friedrich I. (1676–1751), war seit Ende 1705 verwitwet und auf Brautschau. Wann die Verhandlungen zwischen Kassel und Stockholm genau begannen, ist schwer zu sagen. Nachweislich setzten sie jedenfalls 1710 ein, erstreckten sich jedoch über mehrere Jahre und so kam die Ehe zwischen Friedrich und der jüngeren Schwester und Nachfolgerin Karls XII., Ulrike Eleonore (1688–1741), erst am 4. April 1715 zustande. Sie brachte darüber hinaus dem Kasseler Landgrafenhaus den begehrten Titel „königliche Hoheit" ein.

Dieses bedeutende, aber in vergleichsweise bescheidenem Rahmen gefeierte Fest in Stockholm sollte der Homburger nicht mehr erleben. Kaum nach Homburg zurückgekehrt, befiel ihn ein „Brustleiden" zu dem verschiedene andere Entzündungen hinzukamen. Welches medizinische Krankheitsbild sich hinter der zeitgenössischen Bezeichnung verbarg, ist freilich kaum mehr festzustellen. Da sein Sohn Kasimir Wilhelm, der die letzten Wochen bei seinem Vater verbrachte, in seinen Lebenserinnerungen von einer „maladie de poitrine" schreibt, wird man von einer Lungenentzündung ausgehen können, die nicht mehr ausheilte, den Körper des Landgrafen ans Bett fesselte und im Verlaufe von sechs Monaten zunehmend auszehrte. Der Tod seiner mit dem Fürsten von Nassau-Siegen verheirateten Tochter Elisabeth Franziska (1681–1707) am 12. November im Kindbett warf schließlich noch einmal einen tiefen Schatten über die letzten Wochen seines Lebens. Zur Beisetzung seiner Tochter konnte er vermutlich schon nicht mehr reisen, ließ aber selbstverständlich am 4. Dezember in Homburg ein Trauergedächtnis halten. Im Beisein vieler Familienangehöriger verstarb er schließlich am späten Vormittag des 24. Januar 1708. In seinem Testament vom 20. September 1701 hatte Landgraf Friedrich schon die Modalitäten seiner Beisetzung festgelegt und bestimmt, dass sein „verblichener Leichnam" in der Gruft der Schlosskirche zwischen seinen Eltern und Anverwandten ausdrücklich ohne Einbalsamierung, Pracht und große Kosten verursachende Weitläufigkeiten beigesetzt werden sollte. Als man Ende des 19. Jahrhunderts Reparaturarbeiten in der Gruft durchführte, wurden auch viele der Sarkophage geöffnet. Man stellte fest, dass sich die Nachkommen Friedrichs an seine testamentarische Verfügung gehalten hatten. Der mumifizierte Leichnam ist nur mit einem braunschwarzen Samttalar bekleidet. Auf der linken Brustseite ist ein Orden eingenäht, bei dem es sich möglicherweise um den Elefantenorden handelt, die höchste dänische Auszeichnung, die ihm am 13. März 1680 verliehen worden war. Ganz im Glauben an die unveränderte leibliche Auferstehung am Jüngsten Tag legte man auch eine seiner insgesamt drei Beinprothesen mit in den Sarg.

Die festliche Beisetzung in der Fürstengruft fand am 5. Februar 1708 statt. Nicht nur in den Kirchen der kleinen Landgrafschaft, sondern auch in den sogenannten niederen Ämtern, also in Oebisfelde, Weferlingen, Hötensleben

Vogelschauplan des Schlosses in Homburg von J. Wittmann, 1807.

und vielen anderen Orten, wurden Trauergottesdienste gefeiert und Leichenpredigten gehalten. Allein im Darmstädter Archiv befinden sich noch heute fast ein Dutzend dieser Predigten. Selbstverständlich liefen in den darauf folgenden Wochen zahlreiche Kondolenzschreiben sowohl von Familienmitgliedern als auch von deutschen und europäischen Fürsten in Homburg ein. Darunter befanden sich auch Briefe des Kaisers aus Wien und des preußischen Königs aus Berlin. Der umfängliche Briefwechsel zwischen den Landgrafen Ernst-Ludwig in Darmstadt und Karl in Kassel über den Ablauf der Trauerfeierlichkeiten in Verbindung mit dem im Vorjahr sich abzeichnenden Vergleich zur Beilegung der Streitigkeiten zwischen Hessen-Darmstadt und Hessen-Homburg zeigt, dass man in der weiteren Landgrafenfamilie damals auch durchaus das Gefühl hatte, dass mit Landgraf Friedrich eine Epoche zu Grabe getragen wurde.

IX. Bilanz und Nachleben – Landgraf Friedrich oder Prinz von Homburg?

Es wäre verfehlt, den im letzten Kapitel geschilderten letzten Lebensabschnitt des Landgrafen zu düster zu sehen oder gar als Anlass zu einer eher negativen Lebensbilanz zu nehmen. Es ist zweifellos richtig, dass der Tod gerade in den letzten Jahren des Landgrafen in dessen unmittelbarem familiären Umfeld reiche Ernte hielt. Der gleichsam jährliche Verlust von Kindern und Enkeln mag uns heute unerträglich erscheinen. Zweifellos erfüllte er auch den Landgrafen mit Schmerz und Trauer, allerdings gehörte der Tod von Angehörigen, auch und gerade von Kindern, zur conditio humana, gewissermaßen zur alltäglichen Lebenswirklichkeit der frühen Neuzeit. Immerhin überlebten ihn sieben seiner insgesamt 15 Kinder und darunter, für ihn besonders wichtig, auch sein gleichnamiger Erbe und Nachfolger. Sein Bruder Wilhelm Christof musste dagegen zehn seiner insgesamt zwölf Kinder beerdigen.

Beurteilt man die Lebensleistung Landgraf Friedrichs II. im Vergleich mit anderen Fürsten, so wird man auch zögern, das verhaltene Wachstum der Neustadt sowie die gescheiterten bzw. revidierten Pläne im Städtebau und der Wirtschaftsförderung allzu negativ einzuschätzen oder gar auf die Lebensbilanz des Landgrafen zu beziehen. Gewiss waren seine Ziele zu hoch gesteckt und ebenso gewiss lässt sich die in seinen letzten Regierungsjahren zweifellos vorhandene Ermüdung und Lustlosigkeit aus seinem relativen Scheitern erklären. Doch es war eben nur ein „relatives Scheitern". Vor allem wäre er kein Herrscher des Barock und kein Kind seiner Zeit gewesen, wenn er nicht diese himmelhochfliegenden Projekte und Ideen hervorgebracht und verfolgt hätte. Blickt man von einem zeitlich entfernteren Standpunkt auf seine Herrschaft in Hessen-Homburg zurück, so wird man diese Phase in der Summe ohne Bedenken fast als so etwas wie eine erste Gründerzeit für Homburg beschreiben wollen. Die kleine mittelalterliche Stadt mit ihren verwinkelten Gassen wurde durch die Neustadt um mehr als das Doppelte erweitert. Das heißt, binnen zweier Jahrzehnte hatte sich die Topografie dieses Ortes mehr verändert als vielleicht in dem halben Jahrtausend zuvor. Dies ist aber nur der quantitative Aspekt. Hinzu kommen auch qualitative Gesichtspunkte, die für die folgenden Jahrzehnte, in gewissen Bereichen im Grunde bis in die Gegenwart wichtig geworden sind.

Zum einen ist damit das Aussehen, das äußere Erscheinungsbild der Stadt gemeint. Mit den breiten großzügig angelegten Straßen der Neustadt und den Häusern mit symmetrischen Fassadenaufrissen und Mansardedächern kamen städtebauliche Elemente nach Homburg, die einem modernen gesamteuropäischen Geschmack entsprachen. Andere Städte vergleichbarer Größe, aber eben ohne die planende und sichtbar handelnde Hand eines ansässigen Herrschers behielten dagegen oft bis weit in das 19. oder sogar 20. Jahrhundert hinein ihren eher bodenständigen regionalen Charakter, eben jene sprichwörtlichen Ackerbürgerstädte im Fachwerkstil, die allerdings erst seit dem Ende des 19. Jahrhunderts als malerisch empfunden werden.

Zum anderen, und dies war für die Zukunft vielleicht sein größter Erfolg, änderte sich mit der Entwicklung Homburgs zur frühneuzeitlichen Residenzstadt auch seine Berufs- und Sozialstruktur binnen weniger Jahre. Waren bisher nur die üblichen Handwerke des Nahrungsmittelsektors und der eher ländlichen Grundversorgung ansässig – also Metzger, Bäcker, Müller und Brauer, Schmiede, Wagner, Töpfer, Schuhmacher und dergleichen –, so kam in den 1680er-Jahren eine große Anzahl von Handwerkern und Künstlern nach Homburg, die der Befriedigung der gehobenen Ansprüche der Hofgesellschaft Rechnung tragen sollten. Für die Jahre 1681 bis 1684 werden genannt: ein italienischer Tanzmeister, ein Bildhauer und ein Hofbarbier, in den nächsten Jahren kamen noch hinzu: mehrere Büchsenmacher, ein Alchimist, ein französischer Hutmacher, ein Perückenmacher u.v.a. Gleichzeitig verfeinerte sich auch das Warenangebot der Kaufleute, die immer mehr Kaffee, Tee, Schokolade und Spezereien in ihrem Sortiment hielten. Nicht zuletzt dieser Orientierung des ansässigen Handwerks und Handels an den gehobenen Ansprüchen der Hofgesellschaft im weitesten Sinne dürfte es unter anderem zu verdanken sein, dass der rasche Aufstieg zum mondänen Kurbad seit den 1830er-Jahren vergleichsweise zügig vorangebracht werden konnte.

Aber auch die stets im Blick behaltene gewerbliche Entwicklung, die nicht auf abenteuerliche Alleingänge oder gar Kolonialprojekte setzte, sondern sich meist im Kielwasser der nahe gelegenen Metropole Frankfurt sah, sorgte dafür, dass Homburg bis heute – trotz seiner Sonderentwicklung als Kurort – auch als Gewerbestandort in der Rhein-Main-Region eine gewichtige Rolle spielt. Hierbei ist den zugewanderten Hugenotten eine über die momentane wirtschaftliche Relevanz weit hinausgehende Bedeutung beizumessen, insofern sie oft über weit gestreute Familien- und Geschäftsverbindungen, auch und gerade in die Mainmetropole verfügten, die ein bedeutender Zufluchtsort war.

Sodann ist in dem Ausbau Homburgs als Residenzstadt unter Friedrich II. mit den entsprechenden administrativen Einrichtungen eine gewisse Basis für die Bedeutung der Stadt als Verwaltungs-, Schul- und Dienstleistungsstandort der Gegenwart zu sehen.

Es spielten zwar eine ganze Reihe von Zufällen in den letzten beiden Jahrhunderten mit, aber es darf schließlich und endlich auch als ein kleiner

Triumph des barocken Herrschers Friedrich II. bewertet werden, dass in seinem Schloss heutzutage die zentrale Verwaltung der hessischen Schlösser und Gärten ihren Sitz genommen hat und von hieraus nicht zuletzt ein wesentlicher Teil des historisch-kulturellen Erbes der hessischen Landgrafendynastie verwaltet wird.

Auch eine Biografie, die sich konsequent mit der historischen Person des Landgrafen beschäftigt, muss die literarische Figur des Kleist'schen Helden zumindest streifen. Dies ist nicht zuletzt deshalb nötig, um deren Konjunkturen und unterschiedliche Interpretationen aufzuzeigen, die geradezu regelhaft auch den historischen Landgrafen und sein Leben in ein jeweils zeitspezifisches Licht zu rücken scheinen. Bevor dies geschehen kann, sei kurz der Inhalt des Kleist'schen Stückes in Erinnerung gerufen.

Im ersten Akt sitzt der schwärmerische Prinz von Homburg schlafwandlerisch im Schlossgarten von Fehrbellin und flicht sich einen Lorbeerkranz. Der Kurfürst tritt mit seiner kleinen höfischen Gesellschaft hinzu, nimmt dem Prinzen den Kranz aus der Hand, schlingt seine Halskette darum und gibt ihn seiner Nichte Natalie, einer Prinzessin von Oranien. Als die Gesellschaft sich von dem schlafwandelnden Homburger zurückziehen will, erhascht der Prinz einen Handschuh der Prinzessin Natalie und nennt sie flüsternd „Mein Mädchen! Meine Braut!" (Zeile 65) Kurfürst und Kurfürstin bezeichnet er als Vater und Mutter, die daraufhin entsetzt zurückweichen, der Kurfürst befiehlt dem Schlafwandler sogar „In's Nichts mit dir zurück, Herr Prinz von Homburg!" (Zeile 74). Als der Prinz aus der Trance erwacht, ist er verwirrt und sinniert immer wieder über den fehlenden Handschuh Natalies. Im Kriegsrat überhört er deshalb den Befehl des Feldmarschalls Dörfling (i.e. Derfflinger) und nimmt den Schlachtplan nur unvollständig wahr. Entgegen des Befehls, nicht ohne ausdrückliche Anweisung des Kurfürsten zu attackieren, greift er, erfüllt von seiner Liebe und übermütig geworden durch das erträumte Glück, die Schweden vorzeitig an und erringt den Sieg. Doch für den Kurfürsten steht der Befehl, das Gesetz über dem eigenmächtigen Willen. Der Prinz wird durch ein Kriegsgericht zum Tode verurteilt. Zunächst kann Friedrich von Homburg nicht glauben, dass der Kurfürst bis zum Äußersten geht. Aber als er sieht, dass es bitterer Ernst ist, wird er von tiefer Furcht zur Kurfürstin getrieben und bittet sie auf Knien, sich für ihn einzusetzen. Auf dem Weg zur Kurfürstin sieht er Soldaten „das Grab, beim Schein der Fackeln, öffnen, das morgen" sein „Gebein empfangen soll". In der folgenden umstrittenen „Todesfurchtszene" bettelt er um das nackte Leben; selbst auf Natalie will er verzichten, die aus politischen Gründen dem schwedischen König vermählt werden soll. Natalie ruft ihn zur Besinnung und verspricht, beim Kurfürsten für ihn zu sprechen. Dieser spricht schließlich die Begnadigung unter der Bedingung aus, dass der Prinz das Urteil des Kriegsgerichts als berechtigt anerkennt. Damit legt er die Entscheidung in die Hände des Prinzen, der in diesem Augenblick eine Wandlung vom gefühlsbetonten und jugendlich leichtsinnigen Reiterführer zum gesetzestreuen und verantwortungsvollen Offizier durchläuft, in dem er „über den verderblichsten der Feind' in uns, dem Trotz, dem Übermut" (Zeile 1756f.) siegt und den eigenen Tod hinnimmt. Teils auf Betreiben Natalies, teils von sich aus marschieren viele Regimenter nach Berlin, die Offiziere setzen sich für Homburg ein, reichen Bittschriften für sein Leben ein. Als der Prinz vor den Kurfürsten geführt wird, gesteht er zum Entsetzen der Offiziere seine Schuld ein und bekennt, dass die Strafe gerecht sei. Allerdings bittet er den Kurfürsten, das schwedische Heiratsangebot martialisch abzuweisen: „Mit Kettenkugeln schreib' die Antwort ihm!" (Zeile 1783) In Anknüpfung an den ersten Auftritt des ersten Aktes wird der Prinz mit verbundenen Augen in den Garten gebracht, er vermeint natürlich, man würde ihn an sein Grab führen. In Wirklichkeit aber steht er vor Prinzessin Natalie, die ihm nach der Begnadigung durch den Kurfürsten den Lorbeerkranz aufs Haupt setzt und seine Hand an ihr Herz drückt. Der Prinz fällt daraufhin in eine kurze Ohnmacht, aus der ihn der Kurfürst mit Kanonendonner wecken lassen will, gleichsam als Fanfare des fortgesetzten Krieges gegen die Schweden. Der gemeinsame Ruf der Anwesenden – „In Staub mit allen Feinden Brandenburgs!" – beendet das Stück.

Kleist ging es selbstverständlich bei der Entwicklung seiner dramatischen Gestalt nicht um die historische Persönlichkeit, er war schließlich Dramatiker und nicht Historiker. Freilich lag 1809, als Kleist mit der Arbeit an seinem Drama begann, das Sujet in der Luft, bot sich aus den Zeitumständen heraus gleichsam an. Der auf den Tag genau vier Jahre nach dem Tod des Homburger Landgrafen geborene große Preußenkönig und Namensvetter Friedrich II. (1712–1786) war damals gut zwei Jahrzehnte tot, lange genug, um in breiten Bevölkerungskreisen seine Regierungszeit zu glorifizieren und seine Feldherrnpersönlichkeit schmerzlich zu vermissen. Der Nimbus der militärischen Größe, ja der praktischen Unbesiegbarkeit, den seine preußische Armee seit dem Siebenjährigen Krieg umgeben hatte, war im Herbst 1806 in der Doppelschlacht von Jena und Auerstedt von Napoleon nachhaltig zerstört worden. In Folge dieser militärischen Niederlage hatte Preußen fast die Hälfte des Territorialbesitzes und der Bevölkerung verloren und war zu einem Pufferstaat zwischen Frankreich und Russland herabgesunken. Zweifellos war Kleist damals ein patriotisch denkender und Napoleon feindlich gesonnener Dichter, allerdings dürfte ihn auch seine finanziell mehr als kritische Situation dazu bewogen haben, das Drama dem Verleger Georg Andreas Reimer als ein „vaterländisches" Stück anzubieten und es Marie Anna von Hessen-Homburg (1785–1846), einer Ururenkelin des Landgrafen und Schwägerin des damaligen preußischen Königs Friedrich Wilhelm III. (1770–1840) zu widmen. Aus unterschiedlichen Gründen blieb ihm damit

Schlacht bei Fehrbellin, Historienbild von Peter Janssen für das Berliner Zeughaus (heute Deutsches Historisches Museum), um 1882.

allerdings der Erfolg verwehrt. Auf jeden Fall hatte Kleist offenbar den nationalen-vaterländischen Impetus der preußischen Königsfamilie höher eingeschätzt als deren Festhalten an dem militärischen und monarchischen Wertekanon sowie vor allem deren Sorge um das Ansehen der Familienehre. Anstoß erregte vor allem die Todesfurchtszene, die so schlecht mit dem Idealbild des tollkühnen und todesverachtenden Reitergenerals zusammenging, der Somnambulismus des Prinzen sowie die grundsätzliche Problematik der Insubordination, also der Missachtung eines fürstlichen Befehls.

Dies sollte sich erst im Laufe des 19. Jahrhunderts ändern, allerdings in einer Art und Weise, die zur Feststellung zwingt, dass der „Prinz von Homburg“, so wie er auf den preußisch-deutschen Bühnen zur Aufführung gelangte, nicht nur die historische Person des Homburger Landgrafen überdeckte, sondern im Grunde auch die Kleist'sche Figur teilweise bis zur Unkenntlichkeit verfremdete. Als das Stück 1821 am Wiener Burgtheater uraufgeführt wurde, hatte es mit den gleichen Problemen zu kämpfen wie in Berlin. Aus Rücksichtnahme auf den als General in österreichischen Diensten stehenden Ururenkel Landgraf Friedrichs, Philipp August (1779–1846), einem Bruder der preußischen Prinzengemahlin, wurde das Stück sogar in

„Die Schlacht von Fehrbellin" umbenannt. Trotzdem war die Verletzung des militärischen Ehrenkodex dem Kaiserhaus ein Dorn im Auge. Erzherzog Karl (1771–1847), unter dessen Befehl Philipp August bei Aspern am 21. und 22. Mai 1809 gefochten hatte – die erste Niederlage Napoleons –, sorgte dafür, dass das Stück umgehend abgesetzt wurde. Erst 1860 sollte es in Wien erstmals wieder aufgeführt werden.

In Berlin kam das Stück erst 1828 zur Aufführung und auch nur, weil die Todesfurchtszene stark verändert worden war und der gesamte erste Teil, also die Traumszenen des Homburgers, nicht gespielt, sondern erzählt wurden. Trotzdem musste nach der dritten Aufführung das Stück vom Spielplan genommen werden und König Friedrich Wilhelm III. ordnete an, dass es „niemals wieder gegeben werden sollte". Doch bereits zum Geburtstag seines Nachfolgers, Friedrich Wilhelm IV. (1795–1861), wurde das Stück im Jahre 1841 erneut aufgeführt. Anschließend setzte ein regelrechter Siegeslauf ein und das Stück entwickelte sich nahezu zu einem borussischen Staatsdrama. Die inhaltlichen Aussagen beschränkten sich zunehmend nur noch auf soldatischen Mut, Gehorsam, fürstliche Größe und Gnade gegenüber dem tollkühnen Helden, der sich über die Befehlshierarchie hinwegsetzte, diese damit aber nicht negieren wollte, sondern nur den Sieg der brandenburgischen Waffen vor Augen hatte.

Im Wilhelminischen Kaiserreich von 1870/71 war vermeintlich das Ziel des „Preußischen Berufs in der deutschen Geschichte", nämlich der mächti-

Nationalsozialistische Ehrenwache anlässlich des 300. Geburtstages des Landgrafen am 30. März 1933, eine Woche nach dem Erlass des Ermächtigungsgesetzes.

ge Nationalstaat unter Führung der Berliner Hohenzollern, erreicht. Diese junge und unbändige Großmacht verglich sich oft und allzu gerne mit draufgängerischen Helden aus der preußisch-deutschen Geschichte. Aber auch die Erinnerung an ein anderes eigenmächtiges Handeln, das Preußen zum Sieg verhalf, war noch lebhaft präsent: Nach dem gescheiterten Russlandfeldzug Napoleons, an dem unter anderen auch preußische Truppen teilnehmen mussten, schloss Yorck von Wartenburg (1759–1830) Ende 1812, ohne jede Rücksprache mit Friedrich Wilhelm III., die Konvention von Tauroggen mit Russland. Eine später eingesetzte Kommission prüfte dieses Handeln, sprach Yorck aber von allen Vorwürfen der Eigenmächtigkeit frei. In den „Preußischen Jahrbüchern" (Jg. 1880) brachte der Marburger Historiker Conrad Varrentrapp (1844–1911) die Auffassung des Wilhelminischen Kaiserreiches mit seinem übersteigerten Nationalismus von solchen Handlungen auf den Punkt: „Wie in Kleist's Dichtung ist auch in der Geschichte seiner [Kleists] Zeit die heilvolle Lösung dadurch erbracht, daß der wagende Heldenmuth in seiner Berechtigung und in der Begrenzung seiner Rechte richtig gewürdigt wurde, daß bei allen Gegensätzen allen Betheiligten als ‚höchstes, oberstes Gesetz das Vaterland' galt."

„In Staub mit allen Feinden Brandenburgs!", mit diesem letzten Satz, drohend den gegenwärtigen und zukünftigen Feinden entgegengeschleudert, empfahl sich das Stück kongenial dem scheinbar von Neidern und Feinden umgebenen, aufstrebenden deutschen Kaiserreich gleichsam als nationaler literarischer Erinnerungsort. Insbesondere nachdem die Meininger ab 1878 den „Prinzen" in ihr Repertoire aufgenommen hatten, erlangte es eine ungeheure Popularität. Die Prinzipien des Meininger Theaters folgten dem Kunstideal, Theater historisch getreu und stilvoll vorzuführen, wozu absolute Werktreue und grandiose bis ins kleinste Detail durchdachte Massenszenen sowie historische Kostümierung und Bühnenbilder gehörten. Das heißt im Grunde, dass hier die pathetische, man möchte sagen schwülstige Geschichtsauffassung des Historismus auf die Bühne gebracht wurde und viele Szenen, insbesondere die Schlachtenszenen, gewissermaßen zu lebenden Bildern im historistischen Monumentalstil der wilhelminischen Gründerjahre geronnen. Kleist avancierte zum Nationaldichter und sein Schauspiel diente der Staatsrepräsentation – mit der Konsequenz, dass das Schauspiel auf der einen oder anderen Provinzbühne, und nicht nur hier, zur „Militär-Klamotte" degenerierte. Zum eigentlichen Helden des Stückes wurde nun der Große Kurfürst. Es verwundert daher kaum, dass gerade Kaiser Wilhelm II. (1859–1941) den „Prinzen von Homburg" zu seinen Lieblingsstücken zählte, jedoch in der ihm eigenen Mischung von Ignoranz und Arroganz empfahl, die „fatale Feigheitsszene", also die Todesangstszene, schlichtweg zu streichen. Auch Otto von Bismarck hielt den Prinzen noch für „ein schwaches Rohr – mit seiner Todesfurcht".

Der „unpreußische Prinz von Homburg": Gérard Philipe als „Friedrich" und Jeanne Moreau als „Natalie", 1951.

Kurzum, der wilhelminische „Prinz von Homburg" hatte mit der aus dem Geiste einer gefühlsbedingten Romantik heraus entwickelten Kleist'schen Figur, die mit Gefühl und Herz gegen die durch den Kurfürsten repräsentierte Vernunft und Verstand gesetzt worden war, nur noch wenig gemein. Es versteht sich von selbst, dass dieser preußisch-deutsche Tugendheld auf der Bühne nach dem Ersten und vollends nach dem Zweiten Weltkrieg ausgedient hatte. Ein neuer „Prinz von Homburg" wurde dem deutschen Nachkriegspublikum bezeichnenderweise erst vom ehemaligen französischen „Erbfeind" mit beträchtlichem Erfolg nahe gebracht. Eine am 15. Juli 1951 in Avignon vom Théâtre national populaire uraufgeführte Inszenierung enthistorisierte den Stoff und legte mit Nachdruck wieder die darin thematisierten menschlichen Konflikte frei. Damit wurde vor allem der jugendliche und romantische Kleist'sche Prinz, unsterblich verkörpert von Gérard Philipe, in den Vordergrund gerückt. Dass damals, kurz nach dem Zweiten Weltkrieg, der Kurfürst als geradezu lächerliche Inkarnation preußischer Despotie und Staatsmacht gezeichnet wurde, scheint verständlich und tat vor allem der Wiedergeburt des wirklichen klassischen und daher tunlichst nicht zu historisierenden Stoffes keinen Abbruch. Und so wird man es heute auch nicht mehr bedauern, sondern eher als Gewinn betrachten, dass die „Titelfigur des bedeutendsten Kriegs- und Preußen-Dramas unserer Literatur" (Joachim Kaiser) Angst hat und an Somnambulismus leidet.

Es bleibt natürlich die Frage zu beantworten, warum der Kleist'sche Prinz von den „Wilhelminern" und schließlich auch noch von den Nationalsozialisten zugunsten einer säbelrasselnden preußisch-deutschen Nationalgeschichte verunstaltet worden ist. Die historische Persönlichkeit des Landgrafen hätte sich doch, zumindest auf den ersten Blick, mit seiner mehrfach bewiesenen militärischen Kühnheit und seinen zweifellos vorhandenen Führungs- und Herrscherqualitäten viel besser geeignet. Das Ziel dieses Essays wäre erreicht, wenn deutlich geworden wäre, dass sich der historische Landgraf durch seine Biografie einer solchen Indienstnahme grundsätzlich entzog. Seine Dienste in Schweden, unter anderem gegen Brandenburg, sowie seine Konflikte mit dem Großen Kurfürsten, die ihre Ursachen mehr im Streit um Steuerabgaben und barocker Selbstüberschätzung als in militärischen Fragen hatten, sind nur die offensichtlichsten Punkte. Insgesamt erweist sich bei einer näheren Beschäftigung mit dem Landgrafen, dass er eben nicht mehr und nicht weniger war als einer jener zahlreichen Duodezfürsten, die fremde Kriegsdienste nicht aus patriotischen oder sonstigen vermeintlich ehrenhaften Gründen annahmen, sondern um standesgemäß Geld zu verdienen. Dieses hatten sie bitter nötig, um sich ihre kleinen oft vom Krieg ausgelaugten Länder überhaupt leisten und sich in ihren Residenzen zumindest dem Traum einer glänzenden barocken Herrschaft hingeben zu können.

Dies dürfte auch den professionellen Historikern klar gewesen sein und vielleicht ist dies mit ein Grund, warum der Landgraf Friedrich II. zwischen der Darstellung Jungfers aus dem Jahre 1890 und der Biografie Rosendorfers von 1978 keine monografische Würdigung erlebt hat. Doch insbesondere wenn man sich der Person und dem Leben des Landgrafen unvoreingenommen nähert und eine perspektivische Engführung im Sinne einer preußisch-deutschen Geschichtsdeutung vermeidet, wird man mit der historischen Persönlichkeit des Homburgers auch einen Eindruck vom Facettenreichtum des adligen und staatlich-politischen Lebens im Alten Reich gewinnen.

Anhang – Karten und Grafiken

Stadtplan von (Bad) Homburg 1804.

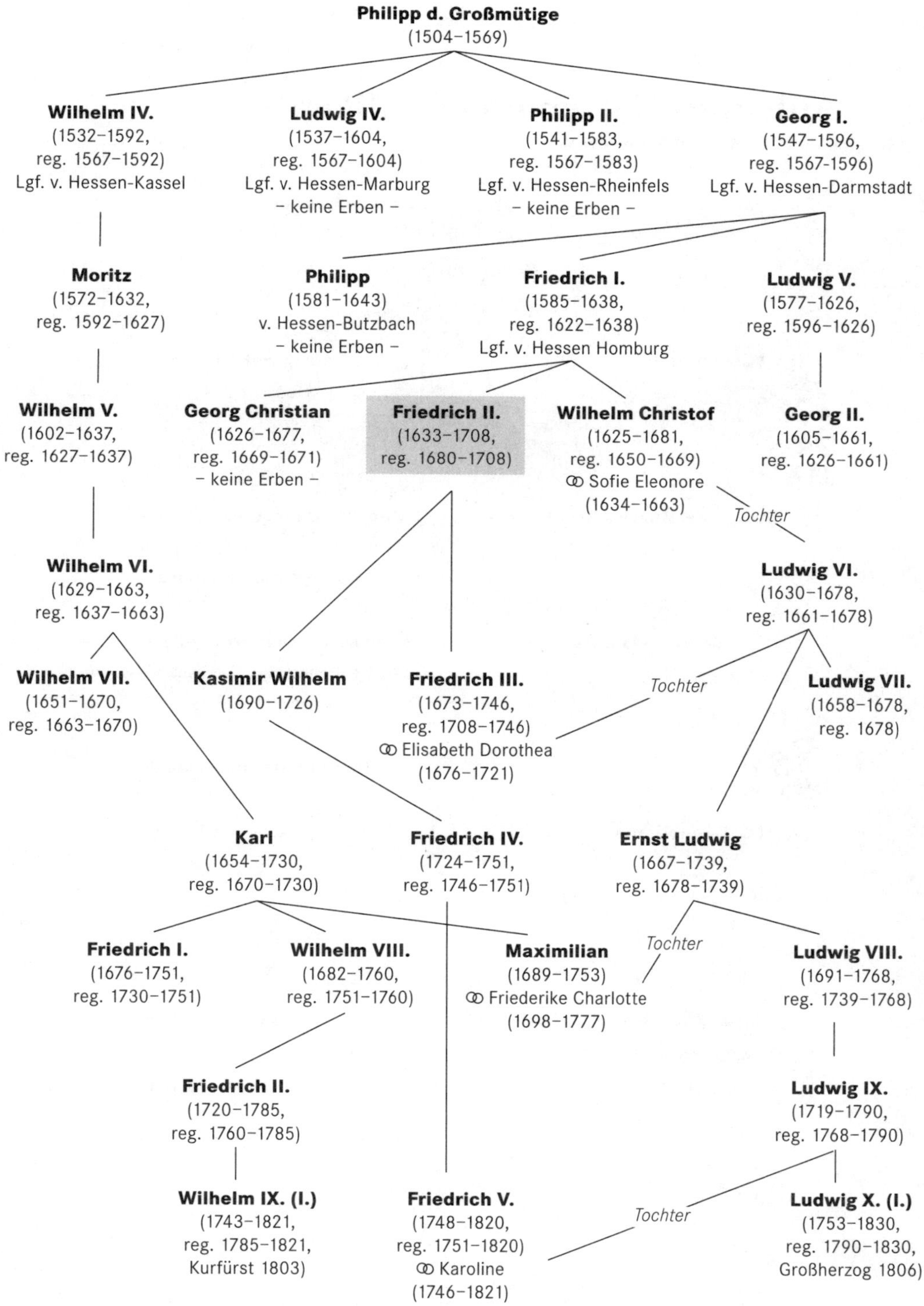

Die regierenden Landgrafen und die Eheverbindungen der Landgrafenfamilien bis zum Anfang des 19. Jahrhunderts.

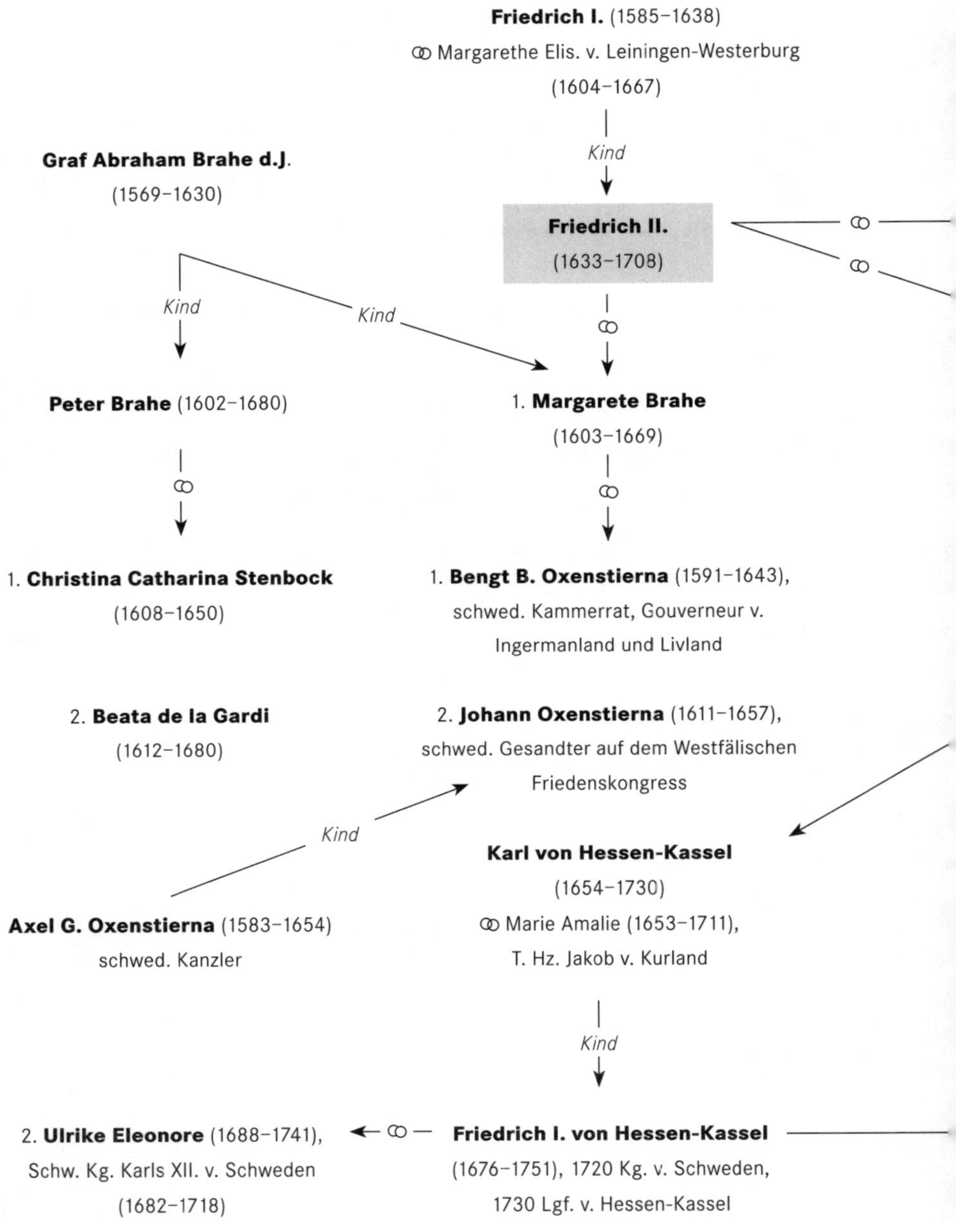

Verwandtschaftstafel Landgraf Friedrichs II. von Hessen-Homburg.

3. **Sofie Sibylle v. Leiningen-Westerburg**
(1656–1724)

2. **Louise Elisabeth v. Kurland**
(1646–1690)

Landgraf Wilhelm VI. (1629–1663)
⚭ Hedwig Sophie von Brandenburg
(1623–1683)

Elisabeth Henriette (1661–1863)
⚭ Friedrich III. (I.), Kfst. v.
Brandenburg, Kg. in Preußen

1. **Luise** (1680–1705)

Jakob, Hz. v. Kurland (1610–1682)
⚭ Luise Charlotte v. Brandenburg
(1617–1676)

Georg Wilhelm (1595–1640)
Kfst. v. Brandenburg

Friedrich Wilhelm (1620–1688)
Kfst. v. Brandenburg
⚭ Luise Henriette v. Nassau-Oranien
(1627–1667)

Friedrich Heinrich v. Oranien
(1584–1647)
⚭ Amalie v. Solms-Braunfels (1602–1675)

Wilhelm v. Oranien (d. Schweiger)
(1533–1584), Statth. d. Verein. NL

Friedrich II.
(1633–1708)

⚭ 1661

I. **Margarethe Brahe**
(1603–1669)
– keine Nachkommen –

⚭ 1670

II. **Louise Elisabeth v. Kurland**
(1646–1690)

1. **Charlotte** (1672–1738)
⚭ Johann Ernst III. v. Sachsen-Weimar (1664–1707)

2. **Friedrich III.** (1673–1746)
⚭ 1. Elisabeth Dorothea v. Hessen-Darmstadt (1676–1721)
⚭ 2. Christiane Charlotte v. Nassau-Ottweiler (1685–1761)

3. **Karl Christian** (1674–1695)

4. **Hedwig Luise** (1675–1760)
⚭ Adam Friedrich v. Schlieben (1677–1752)

5. **Philipp** (1676–1703)

6. **Wilhelmine Marie** (1678–1770)
⚭ Anton v. Aldenburg (1681–1738)

7. **Eleonore Margarethe** (1679–1763)

8. **Elisabeth Franziska** (1681–1707)
⚭ Friedrich Wilhelm v. Nassau-Siegen (1680–1722)

9. **Johanna Ernestine** (1682–1698)

10. **Ferdinand** (1683)

11. **Karl Ferdinand** (1684–1688)

12. **Kasimir Wilhelm** (1690–1726)
⚭ Christine Charlotte v. Solms-Braunfels (1690–1751)

⚭ 1691

III. **Sofie Sibylle v. Leiningen-Westerburg**
(1656–1724)

1. **Ludwig Georg** (1693–1728)
⚭ Christine v. Limpurg-Sontheim (1683–1746)

2. **Friederike Sofie** (1693–1694)

3. **Leopold** (1695)

Die Kinder Landgraf Friedrichs II. von Hessen-Homburg.

Ausgewählte Literatur

Boss-Stenner, Helga und Erich Böckler (Hg.): *Louise – Landgräfin aus Kurland und der Prinz von Homburg*, Bad Homburg 1987.

Clemm, Ludwig: *Friedrich II. v. Hessen-Homburg*, in: Neue deutsche Biographie, Bd. 5, Berlin 1961, S. 505–506.

Dölemeyer, Barbara: *Fragmentarische Staatlichkeit. Die Landgrafschaft Hessen-Homburg im Alten Reich und im Deutschen Bund*, in: Mitteilungen des Vereins für Geschichte und Landeskunde zu Bad Homburg vor der Höhe (abgekürzt: MVGH) 44 (1995), S. 5–64.

Dölemeyer, Barbara: *Münzrecht und Münzprägung in der Landgrafschaft Hessen-Homburg*, in: MVGH 40 (1991), S. 52–78.

Dölemeyer, Barbara: *Der Prinz von Homburg – Dichtung und Wirklichkeit*, in: MVGH 50 (2001), S. 13–34.

Dölemeyer, Barbara: *Die „reformierte Landeskirche" in der Landgrafschaft Hessen-Homburg*, in: MVGH 40 (1991), S. 5–51.

Erman, Jean Pierre: *Frédéric II. à la jambe d'argent, landgrave de Hesse-Homburg: Lu dans la séance publique de l'Académie le 26 janvier*, Berlin 1804.

Franz, Eckhardt G.: *Das Haus Hessen*, Stuttgart 2005.

Eybl, Franz M.: *Kleist-Lektüren*, Wien 2007.

Grünewald, Karl: *Friedrich der Ältere und seine Zeit. Ein Beitrag zur Lebensgeschichte des ersten Homburger Landgrafen*, in: MVGH 26 (1958), S. 5–88.

Hintereicher, Margarete: *Georg Christian von Hessen-Homburg (1626–1677). Offizier, Diplomat und Regent in den Jahrzehnten nach dem Dreißigjährigen Krieg*, Darmstadt und Marburg 1985.

Jungfer, Johann: *Der Prinz von Homburg nach archivalischen und anderen Quellen*, Berlin 1890. (Mit Briefen, Aktenstücken und der Becksen-Biografie)

Jungfer, Johann: *Die schwedischen und brandenburgischen Kriegsdienste Landgraf Friedrichs von Homburg*, Berlin 1888.

Kanzog, Klaus: *Heinrich von Kleist: Prinz Friedrich von Homburg. Text, Kontexte, Kommentar*, München 1977.

Loibl, Werner: *Friedrich II. von Hessen-Homburg und die Glasproduktion*, in: MVGH 49 (2000), S. 8–194.

Lotz, Friedrich: *Geschichte der Stadt Bad Homburg vor der Höhe*, Bd. 2, Frankfurt am Main 1972.

Reuss, Roland (Hg.): *Heinrich von Kleist, Prinz Friedrich von Homburg*, Frankfurt am Main 2006.

ROSENDORFER, HERBERT: *Der Prinz von Homburg oder der Landgraf mit dem silbernen Bein*, München 1978. (Mit zahlreichen Dokumenten, u.a. der Becksen-Biografie)

ROWEDDER, EVA: *Kulturdenkmäler in Hessen. Stadt Bad Homburg v.d.H.*, Wiesbaden 2001.

WIGAND, CARL SAMUEL: *Kleine hessische Chronik für die Jugend*, Kassel 1792.

VARRENTRAPP, CONRAD: *Der Prinz von Homburg in Geschichte und Dichtung*, in: Preußische Jahrbücher 45 (1880), 335–358.

VOGT, MONIKA: *Die Ansiedlung der französischen Glaubensflüchtlinge in Hessen nach 1685. Ein Beitrag zur Problematik der sogenannten Hugenottenarchitektur*, Darmstadt und Marburg 1990.

WETZEL, KLAUS: *Die reformierten Pfarrer und die reformierte Lehre in der Landgrafschaft Homburg (1671–1866),* in: Jahrbuch der hessischen kirchengeschichtlichen Vereinigung 30 (1979), S. 295–331.

WOLF, JÜRGEN RAINER: *Die Kurländische Erbschaft. Landgräfin Louise Elisabeth und die gescheiterten Hoffnungen des Hauses Hessen-Homburg*, in: MVGH 37 (1988), S. 7–45.

WOLF, JÜRGEN RAINER (BEARB.): *Repertorien des Hessischen Staatsarchivs Darmstadt, Bd. 39, Abteilung D 11: Hausarchiv Hessen-Homburg*, Darmstadt 1997.

Abbildungsnachweis

Berner, E.: *Geschichte des Preußischen Staates,* Bd. 1, München 1891: Seite 73

Gansauge, H. von: *Veranlassung und Geschichte des Krieges in der Mark Brandenburg im Jahre 1675,* Berlin 1834: Seite 70

Jungfer, J.: *Der Prinz von Homburg nach archivalischen und anderen Quellen,* Berlin 1890: Seite 71

Schwartz, P.: *1415–1915 – Brandenburg, Preußen und das Deutsche Reich unter den Hohenzollern,* Berlin 1915: Seite 115

Hessisches Landesamt für geschichtliche Landeskunde: Seite 18, 19, 27

Hessisches Staatsarchiv Darmstadt: Seite 25

Stadtarchiv Bad Homburg: Seite 21, 32, 78, 87, 91, 107, 110, 116, 120

Verwaltung der Staatlichen Schlösser und Gärten Hessen, Bad Homburg: Seite 16, 17, 36, 48, 51, 59, 93, 96, 99, 105

Frau Prof. Dr. Barbara Dölemeyer: Seite 55

Ullstein Bild, Buhs/Remmler: Seite 118